FABIAN SASSE
JUGEND

GENERATION

FABIAN SASSE

JUGEND

EIN 16-JÄHRIGER
ÜBER DIE GENERATION Z

MUSKETIERVERLAG

1. Auflage 2019
Copyright © by MusketierVerlag, Bremen,
in der Verlagsgruppe MusketierVerlag GmbH, Bremen,
Konsul-Smidt-Straße 92, 28217 Bremen
www.musketierverlag.de
Umschlagdesign: Kommunikationsdesignerin
Nina Schreiber (Designkumpel) im MusketierVerlag
Coverfoto: Thomas Baeslack, Langwedel
(https://baeslack.fotograf.de/)
Korrektorat: Gehard Matussek, Frankfurt am Main
Typografie und Satz: Farnschläder & Mahlstedt, Hamburg
Druck: CPI books GmbH, Leck, Germany
ISBN: 978-3-946635-21-5

INHALT

VORWORT

Die Erwachsenen zeigen sich ganz offensichtlich besorgt, denn mit der Redensart »immer diese Jugend« kritisieren sie schließlich genau das, was sie sich von den Jugendlichen wünschen. Und trotzdem wird »die Jugend«, insbesondere in den Medien, als optimal angepriesen, denn der Begriff Jugend verweist auch immer auf »Jugendlichkeit«.

Wenn ich meine Musik im Auto auf dem Weg zum Fußball anmachte und man das neueste Lied von Bushido oder Fler hörte, zeigte meine Mutter nonverbal durch Kopfschütteln, dass sie kein Verständnis für diese Art von Musik hatte. Man kann ihr wirklich nicht vorwerfen, dass sie sich nicht für meinen Musikgeschmack interessiert hätte. Wir diskutierten oft über die Inhalte. Bei dieser Musik im Rap ginge es doch schließlich sehr häufig nur um Sex, Drogen, Gewalt und Hass sowie zum Teil auch um Frauenfeindlichkeit, also gruppenbezogene Menschenfeindlichkeit, denn Frauen würden hemmungslos zu Sexobjekten degradiert werden, war ihre Meinung. Außerdem hätten die Rapper wohl Probleme, sich angemessen auszudrücken. Dann sagte sie noch lachend: »Gleich sagst du wieder: Chill deine base!« Meine Mutter legte Wert darauf, dass ich diese Musik dann wenigstens nicht im Beisein meiner kleinen Schwester hören sollte. Sie verstand nicht, wie ich überhaupt die Rap-Textzeilen goutieren konnte, wo sie doch mit vulgären, obszönen Ausdrücken gespickt seien. Das konnte ich natürlich nicht so stehenlassen. Ich verband mit dieser Musik schon immer etwas Positives und traf auf Unverständnis. Für mich hatte Rap einen großen Stellenwert, und ich fragte mich: Was denkt eigentlich die Generation unserer Eltern und Großeltern über meine Generation. Als ich mich damit beschäftigte, fielen mir immer mehr Unterschiede in der Auffassung unserer Gewohnheiten und Vorstellungen auf. Immer öfter ging es zwischen meinen Eltern, meinen Großeltern und mir um Besitz- oder Moralstrukturen, die angegriffen oder verteidigt wurden.

Den Anstoß zum Schreiben gaben mir meine Eltern, indem sie mich aufforderten, ich möge mich doch mal mit der Thematik Generationenkonflikte, Werteunterschiede und Interessengegensätze auseinandersetzen. Dadurch würde man sicherlich auf gegenseitiges Verständnis stoßen. Mit meinem Buch starte ich einen Versuch, unser Generationsbild zu erklären, das Werte- und Verhaltensmuster aufzuzeigen; aber in erster Linie möchte ich erreichen, mit einem toleranten Blick anzuregen, Verständnis für die Jugend aufzubringen.

Alles, was ich auf den folgenden Seiten schreibe, ist aus meiner Sicht Alltag im Jugendleben und in vielen deutschen Schulen. Dazu habe ich viele Jugendliche der Generation Z beobachtet und befragt. Da ich mir nicht anmaße, den Grund der Handlungsweisen der Jugendlichen aus meiner Generation zu durchschauen, und niemanden persönlich mit meinen Schilderungen angreifen, bewerten oder verurteilen möchte, sind viele Namen aus Gründen des Persönlichkeitsschutzes verändert worden.

Fabian Sasse
Sommer 2019

Ich weiß, was Jugend ist: inniges unzer-
streutes Empfinden des eigenen Selbst.

Bettina von Arnim, deutsche Schriftstellerin

DEFINITION »JUGEND«

Was man als Jugend bezeichnet, wird ganz unterschiedlich interpretiert. Festgestellt habe ich, dass die Katego-
rie Jugend bisher offensichtlich lediglich aus Sicht der
Erwachsenen untersucht wurde statt aus der Perspek-
tive der Jugendlichen.

Weil die Lebensumstände jedes Jugendlichen und
damit die Erfahrungen und Erlebnisse in der jeweiligen
Sozialisation ganz unterschiedlich sind, ist es schwer,
eine genaue Definition zu finden. Die Jugend soll sich
ab einem gewissen Alter in die Erwachsenenkultur integrieren. Es existieren verschiedene Definitionen, beispielsweise nach Alter; insbesondere findet man unter wikipedia.de oder www.jugendforum.de unter dem
Begriff »Jugend« so einige verschiedene Definitionen.
Häufig stellt sich die Jugend demnach als Altersstufe
dar. Ich finde die Definition Jugend als »Lebensphase
zwischen der Kindheit und dem Erwachsensein« am
passendsten. Jugendlich ist man im Zeitraum zwischen
14 und 18 Jahren laut den deutschen Gesetzen. Laut UN-
Generalversammlung werden Personen, die älter als
14 Jahre und jünger als 25 sind, als jugendlich definiert.

Ich hör' es gerne, wenn Jugend plappert:
Das Neue klingt, das Alte klappert.

Goethe

SPRACHVERFALL ODER SPRACHWANDEL?
DAS WÖRTERBUCH DER GENERATION Z

Oft liest man von Wahlen für das Jugendwort des Jahres. 2018 wurde es beispielsweise »Ehrenmann« bzw. »Ehrenfrau«. Man bekommt oft auch eine Reihe von Wörtern zu hören, die Anwärter auf den Titel sein sollen. Im Grunde ist Jugendsprache ein Statussymbol. Es gibt auch nicht die eine Jugendsprache. Da gibt es ganz unterschiedliche Stile. Man gehört dazu, wenn man sie spricht. Die Verfremdung, das Zitieren, das Verbildlichen gehören zum Wesen der Jugendsprache. Wir wollen mit unserer eigenen Sprache unsere Identität ausdrücken. Es ist unser Erkennungsmerkmal. Die Jugendsprache wird ganz unabhängig vom sozialen Status gesprochen. Die eigene Herkunft spielt dabei auch keine Rolle. Bei Jugendlichen geht es, im Gegensatz zur Erwachsenensprache, um das Dazugehören. Die Erwachsenen wollen sich mit ihrer Sprache eher intellektuell abgrenzen, indem sie durch Fachsprache oder Fremdwörter versuchen, das Auszudrückende aufzuwerten.

Die folgende Liste zählt ausschließlich einige Begriffe auf, die von der Jugend regelmäßig im alltäglichen Sprachgebrauch benutzt werden:

abblitzen lassen_jemanden zurückweisen

abgebaggert_mit jemandem Schluss machen

Alpha Kevin_der Dümmste von allen

am Start sein_auf dem neusten Stand sein

anschwulen_eine homosexuelle Absicht ist erkennbar

Arschkriecher_Schleimer

Assi_asozialer Mensch

assig_schlecht, ungebildet

ätzend_langweilig

auf jeden_auf jeden Fall

auf keinsten_auf keinen Fall

auf Nacken_eine Person muss für eine oder mehrere andere Personen bezahlen oder eine andere Leistung verrichten

auf nass sein_schnorren

auf sure_sichergehen

Augensex_langer Blickkontakt

Avatar_virtuelle Figur, zum Beispiel in einem Spiel

Baby_Anrede für Freund oder Freundin

Backpacker_Tourist

ballern_Sex

belastend_unangenehm

Birra_Bruder

Birro_Bruder

Bitchmove_bezeichnet eine hinterhältige Aktion

blickficken_langer Blickkontakt mit anzüglichen Gesten

Bong_Wasserpfeife

Bratan_Bruder

Brate_Bruder

Bratze_hässliches Mädchen

breit_betrunken

Bro_Bruder

Bromance_eine enge Freundschaft unter Männern

checken_etwas verstehen

chillen_entspannen

derbe_sehr

dissen_jemanden schlechtmachen, schräg anmachen, respektlos behandeln

edgy_ungewöhnlich

Ehrenfreund_Bruder

Ehrenmann_bezeichnet jemanden, der einem etwas Gutes tut oder sich einem gegenüber nett verhält; auch wenn jemand etwas Cooles macht, was nicht mit einem selbst zu tun hat, wird dieser Begriff verwendet

endgeil_sehr gut

Entsafter_Sexualpartner

entvirginieren_entjungfern

Fail_sagt man, wenn etwas schiefgeht

Fame_Verbindet man mit Berühmtheit, aber auch mit »in kleineren Kreisen« berühmt sein

Fikkinator_männliche Schlampe

Film_Wahnvorstellung

Flop_Enttäuschung

fronten_beleidigen

Fun_Spaß

gefaked_falsch

geiern_schnorren

Gras fressen_einen Misserfolg haben

hartzen_chillen oder von Hartz 4 leben

heizen_schnell fahren

Honey_Anrede für Freund oder Freundin

Honk_dummer Mensch

i bims_ich bin's

Ich küss dein(e) Auge, Augapfel, Füße_Danke

in seiner Zone sein_woanders sein, träumen

Ische_Freundin

ischig_zickig

jemanden klären_mit jemandem eine Beziehung anfangen

Kevin_Dummkopf

krank_heftig

Larry_Lehrer

Lauch_bezeichnet entweder eine sehr dünne Person oder jemanden, der sich lächerlich oder komisch verhält

lit_beleuchtet oder betrunken

lul_lustig

Ma Boy_Bruder

Mcdonaldsaugenbrauen_ründlich verlaufende Augenbrauen

merkeln_nichts tun

Netflix and chill_Sex beim Netflixschauen

Noop_Person, die keine Ahnung hat

ohne Scheiß_ungelogen

Parra_Geld

peilen_verstehen

Pic_Bild

raffen_verstehen

ralle_betrunken

Ratte_hinterhältiger Freund

Schatzlos_Single

schmäckt_ist gut gelaufen

Schmock_nerviger Typ

Schnecke_attraktives Mädchen

Sheesh_bedeutet als Frage meist »wirklich«,
    steht als Aussage für »krass« oder »heftig«

sich erden_hinfallen

sich jemanden gönnen_mit jemandem rumlecken

skrrr / skurr_ist ein Wortersatz, der unterschiedlich
    benutzt werden kann

snoozen_schlafen

steppen_gehen

Stuff_Kleidung

Textmarkeraugenbrauen_sehr dick aufgemalte
    Augenbrauen

too much_zu viel

übelst_sehr

ultrakrass_hervorragend

Wannabe_jemand, der etwas sein möchte,
    was er/sie nicht ist

Wayne_bedeutet so viel wie egal

Yalla_steht für »mach mal schnell!«

Zucker_super, süß

züngeln_küssen

Zwilling_Bruder

Diese Handyabkürzungen nutzt die Generation Z:

kp: kein Plan
lw_langweilig
FU!_fuck you
sis_Schwester
bro_Bruder
bb_bis bald
bbday_Geburtstag
cc_cool cool
cu_see you
bm_bis morgen
ev_eventuell
fg_freundliche Grüße
fm_freut mich
gg_ganz gut
ggd_ganz gut, dir?
gm_guten Morgen
gn_gute Nacht
hdf_halt die Fresse
hdl_hab dich lieb
hdm_halt dein Maul
ida_ich dich auch
k_okay
plz_bitte
thx_danke
wmd_was machst du?
wmds_was machst du so?
wmis_was macht ihr so?

Die Sprache hat sich stark verändert. Die Generation Z versucht nicht mehr sauber und einwandfrei zu schreiben, sondern lieber eine Vielzahl an Wörter miteinfließen zu lassen. Das sind oftmals frei erfundene Wörter mit wählbarer Bedeutung oder Wörter, die man aus der Musikbranche übernimmt. Ein Paradebeispiel hierfür ist der Ausdruck skrrr (skurr). Dieses Wort wurde eigentlich als Wortersatz vor allem in Rapsongs benutzt. Jetzt nutzt die Jugend es täglich in den verschiedensten Situationen und definiert die Bedeutung selbst. Aber es ist nicht der bewusste Wunsch nach Abgrenzung, der uns diese Begriffe verwenden lässt. Vielmehr macht es uns Spaß, unsere Freunde »Ehrenmänner« und unsere Lehrer »Larrys« zu nennen. Wir schöpfen aus der Ressource Medien. Es ist eine Gesprächskultur, die den Erwachsenen oft missfällt. Sie ist aber genauso anspruchsvoll wie jede andere und sollte anerkannt werden. Natürlich besteht sie oft auch aus vulgären Ausdrücken, was daran liegt, dass die Generation Z sich über die alten, massiv einschränkenden Anstandsregeln hinwegsetzt und ihre eigenen aufstellt. Es ist ein Gemeinschaftsgedanke, der alle Member der Generation Z verbindet und uns von anderen Generationen unterscheidet. Früher waren krasse Unterscheidungsmerkmale Musik und Sport, heute ist es in der Generation Z die Sprache, die immer internationaler wird. Deutsche Rapsongs sind oftmals eigentlich gar nicht so deutsch, wie man denkt. Viele Wörter kommen aus einer anderen Sprache, wie der folgende Song »Bon Voyage« von Miami Yacine belegt:

Ah, ah
Ah, ah
Oh, choya, rauch in Casablanca das Ganja, bon voyage!
Choya, lalalalalalalalala
Choya, rauch in Casablanca das Ganja, bon voyage!
Choya, lalalalalalalalala
Fendi, Gucci, Ferragamo
Stabilität à la Sergio Ramos
Sexy Groupies in Milano
Im Rampenlicht steh'n, nenn mich Cristiano
(scurr, scurr, scurr)
Hala Madrid, Kameraschnitt
KMN Gang auf dem Panamatrip
Zekos Uppercut trifft Ghetto-Ballermannhits (pow pow)
AMG-Konvoi mit der Araberclique (pow pow)
Mademoiselle zeigt die Kurven im Negligé
Beim ersten Date wird gefickt wie bei Fifty Shades
Miami Yacine will ein Steak und kein Fischfilet
Nach dem Dinner braucht die Kahba eine Blitzdiät, ah
Mamacita, ja, baller Viagra, Kahba Diana, eh
Ganja, Ketama, Massari, Para, Mafia, Sinatra, ah
Ohh, choya, ...*

* Quelle: Album Casia, released 13. Oktober 2017, second track,
  Label: KMN Gang, im Vertrieb: groove attack

> Jede Generation will neue Symbole,
> neue Leute, neue Namen.
>
> Jim Morrison

KAPITEL 1

GENERATION Z

1. WAS BEDEUTET EIGENTLICH »GENERATION Z«?

Als Generation Z – auf Englisch »Gen Z«, ausgesprochen »dschen sie« – bezeichnen wir die Nachfolgegeneration der Generation Y (diese wurde im Zeitraum der frühen Achtziger bis 2000 geboren). Davor gab es die Generation X, der die meisten unserer Eltern angehören (60er und 70er Jahre). Meine Generation, also die Generation Z, kam von etwa 1995 bis 2015 zur Welt. Ich selbst wurde im Jahr 2003 geboren.

Die Traditionalisten, geboren zwischen 1922 und 1955, haben die Weimarer Republik, das Dritte Reich sowie den Zweiten Weltkrieg in ihrer Kindheit und Jugend erlebt.

Die Babyboomer, geboren zwischen 1955 und 1969, waren die erste Nachkriegsgeneration nach dem Zweiten Weltkrieg. Sie haben das Wirtschaftswunder erlebt und gehören zum geburtenreichsten Jahrgang.

Die Generation X, geboren zwischen 1965 und 1980, auch Generation Golf genannt, wurde in ihrer Kindheit stark durch die Wirtschaftskrise und eine aufkommende Scheidungsrate geprägt.

Die Generation Y, geboren zwischen 1980 und 2000, auch Gen Y oder Millennia genannt, sind die um die Jahrtausendwende Geborenen, die den Internetboom und die Globalisierung in vollen Zügen miterlebten. Sie zeichnen sich im Gegensatz zu den Vorgängergenerationen durch ein hohes Bildungsniveau aus.

Und schließlich die Generation Z, geboren zwischen 1995 und 2015, auch Generation YouTube genannt, die die Digitalisierung des Alltags komplett in ihr Leben eingebaut hat.*

2.

Die Generation Z verbindet vor allem die Eigenschaft, schon in jüngsten Jahren das Internet kennengelernt zu haben und mit Handys, PlayStation und Nintendo groß geworden zu sein. Das ist der Grund, weshalb man uns Digital Natives nennt. Wir sind also sozusagen »digitale Eingeborene«, weil wir in diese digitale Welt hineingeboren wurden. Meine Eltern werden »digital Immigrants« (also »digitale Einwanderer«) genannt. Das liegt daran, dass sie die digitale Welt erst im Jugend- und Erwachsenenalter kennengelernt haben. Dazu gehören die

* Quelle: www.berlinerteam.de

Technologien wie World Wide Web, MP3-Player, SMS, Mobiltelefone, Smartphones und Tablet PCs.

Die Generationen vor uns halten uns Jugendlichen oft vor, wir seien wesentlich gechillter als sie selbst in ihrer Jugend. Meine Mutter erzählte mir beispielsweise, wie wichtig es in den 80er Jahren war, einen ausgezeichneten Schulabschluss mit Bestnoten zu erreichen, um studieren zu können und einen guten Job zu bekom-

men. Aufgrund des heutigen Personalmangels auf dem Arbeitsmarkt ist es für einige Berufsgruppen nicht einmal mehr erforderlich, einen Hochschulabschluss zu erreichen, um ein zufriedenstellendes Einkommen zu erlangen. Was das angeht, können wir wirklich gechillter zur Schule gehen.

3. INTERVIEW MIT EINEM 1940 GEBORENEN MANN, EINEM SOGENANNTEN TRADITIONA-LISTEN

Wie siehst du meine Generation?

Die heutige Jugend sehe ich eher kritisch. Wenn ich die Jugendlichen so sprechen höre, dann sehe ich es so, dass die Bildung nach unten gegangen ist. Die Sprache ist keine Kultursprache mehr. Das betrifft die Masse. Wenn ich Abiturienten erlebe, was sie alles nicht wissen, kriege ich einen Schrecken. Bildung, Bindung und Beziehung scheinen euch für eure Persönlichkeitsentwicklung genommen worden zu sein. Und diese übertriebene Umgangssprache, die ihr untereinander habt, stößt bei mir jedenfalls auf Ablehnung.

Welche Gemeinsamkeiten gibt es?

Da müsste ich länger nachdenken. Du bringst mich in Verlegenheit. Der Musikgeschmack hat sich absolut geändert. Musik wäre eine Gemeinsamkeit, allerdings nicht der Musikgeschmack. Meine Lehrer waren entsetzt, als wir Bill Haley und Elvis Presley gehört haben. Die nächste Generation hat es genauso gemacht. Eure Musik ist allerdings nicht Musik. Musik besteht aus Rhythmus, Melodie und Harmonie. Die Rapper singen ja nicht. Ich empfinde diese Musik eher als niveaulos.

In welcher Zeit würdest du lieber groß werden, wenn du es dir aussuchen könntest, in deiner oder in meiner Zeit?

Lieber in meiner Zeit. Trotzdem muss ich sagen, dass meine Generation von der Nachkriegszeit und dem Wiederaufbau geprägt war. Jeder musste mit anpacken. Wir haben natürlich viele Entbehrungen hinnehmen müssen, und der Schrecken des Zweiten Weltkriegs lag uns natürlich noch extrem in den Knochen. Aber irgendwie war es auch schön, den Wiederaufbau voranzutreiben. Wir erlebten so den rasanten Wirtschaftsaufschwung mit. Bei uns stand eben nicht die Selbstverwirklichung, so wie bei euch, im Mittelpunkt. Wir hatten auch andere Grundwerte als ihr heute, beispielsweise Disziplin und Respekt vor Autoritäten. Wir hatten im Gegensatz zu euch nur sehr wenig bis gar keinen Bezug zu neuen Technologien. Wir haben noch miteinander kommuniziert und Briefe geschrieben. Auch haben wir gerne Radio gehört. Wir haben damals im Wald übernachtet. Das waren Abenteuer, die wir erlebt haben. Wir sind mit dem Fahrrad durch ganz Deutschland gefahren. Heute seid ihr behütet, wie wir damals nicht. Ich bedauere euch. Ihr seht zwar mehr, weil ihr in ein Flugzeug steigt und nach Amerika fliegt, aber ist das ein wirkliches Abenteuer? Man lässt sich doch heute nur noch bedienen, geht gerne in »All in«-5-Sterne-Hotels. So schlimm meine Jugendzeit auch war: Wir haben in der Nachkriegszeit nicht gehungert, sondern gesundes Essen bekommen. Wir haben aktiv mitaufgebaut. Da ist man auch stolz drauf. Die Lehrer waren zum größten Teil der Horror. Prügelstrafe war zwar später abgeschafft, aber man wurde schikaniert und ich wurde auch oft von ihnen geprügelt. Wir gingen in Konzerte und hörten Sinfonieorchester. Wir haben uns Western im Kino angesehen. So haben wir so einiges erlebt.

Ich wollte mal Vögel haben. Da habe ich eine Voliere gebaut und habe die Vögel da reingetan. Ich habe gefundene Nägel gerade gekloppt und habe für mehrere Nägel dann 20 Pfennige bekommen. Dafür kaufte ich mir ein Küken. Mit einem Nylonstrumpf habe ich am Teich auf Molche gewartet, diese gefischt und sie mit nach Hause genommen. Dort habe ich ein Terrarium gebaut. Unser Leben hat draußen stattgefunden.

Wir waren eine Jungsgang. Die Väter waren ja alle im Krieg gefallen. Wir hatten gute Freundschaften. Es war eine aufregende Zeit.

Wie wichtig waren damals Klamotten?

Wirklich eher unwichtig. Wir haben uns nie verglichen. Es war wichtig, was jemand geleistet hat. Wir hatten fast immer kurze Hosen an.

Gab es damals schon Marken, die angesagt waren?

Wir hatten damals gar nicht an Markenwaren gedacht.
Jeanshosen kamen mit den Amerikanern. Ich habe
aber in meinem ganzen Leben noch nie eine Jeans an-
gehabt. Was alle hatten, war eher nicht gut. Ich selbst
hatte jedenfalls kein Interesse daran. Ich kann nur
sagen, es war eine schöne Zeit, weil wir aus allem was
gemacht haben. Heute braucht ihr ja nur zwei Daumen,
damit ihr euer Handy bedienen könnt. Ich habe den
Eindruck, dass ihr alle zwei linke Hände habt und
handwerklich nichts könnt. Das finde ich schade.

Hattet ihr finanzielle Möglichkeiten?

Meine Mutter war Kriegerwitwe. Sie hat die unterste
Stufe bekommen. Das war sehr wenig. Mit zwei Kindern konnte sie wenig kaufen und mir auch kein
Taschengeld geben. Wenn ich Geld brauchte, dann
musste ich es verdienen. Ich bin an der Bordsteinkante
langgegangen, habe Zigarettenkippen gesucht, daraus
mit Pinzetten Tabak rausgeprökelt und dieses dann
für 10 bis 20 Pfennige verkauft. Ich hätte mir gerne
kleine Schallplatten gekauft. Freddy Quinn hätte ich
gerne gehabt. Dafür musste man Arbeitskraft abliefern
oder Tauschgeschäfte eingehen.

Gab es damals Neid oder Mobbing?

Nein, das kannte ich als Jugendlicher nicht. Mir war
es auch später immer egal, mit welchem Auto ich fuhr,

und war auch als Jugendlicher nie neidisch, wenn andere besser gekleidet waren oder große Autos fuhren. Mobbing, das Wort kannte man damals auch noch gar nicht. Sicher hatte man eine Antipathie gegenüber einigen Menschen, aber Klassenkameraden fertigzumachen, so etwas gab es in dem heutigen Ausmaß ganz sicher nicht.

**Ab wann ging das Interesse für Mädchen /
für Beziehungen los?**

So mit 13 Jahren. Aber da traf man sich in Gruppen, und es war eher ein schüchternes Kichern. Mit 18 oder 19 Jahren hatte ich die erste Freundin. Sie hieß Ursel.

Wie war das Interesse für Fußball?

Für 2 DM konnte man ins Borussia-Dortmund-Stadion. Dort war ich nie. Die Popularität war eher für Bergleute da. Es waren ja auch keine Berufsfußballer.

Hatte man nicht das Bedürfnis, mit dem Flugzeug in den Urlaub zu fliegen?

Die einzigen Flugzeuge, die ich gesehen habe, waren Kampfflugzeuge. Wir sind in einem kleinen Auto auf einen Bauernhof gefahren, um Urlaub zu machen. Ich bin bis heute noch nie in ein Flugzeug gestiegen und möchte das auch nicht.

4. INTERVIEW MIT EINEM MITGLIED DER GENERATION X (1966 BIS 1980)

Wie siehst du die Generation X?

Ich bin 1969 geboren. Ich weiß, dass meine Eltern immer zu unserer Generation »Null- Future-« und »Null-Bock-Generation« gesagt haben. Auch wenn es bei uns damals nur drei Programme im Fernsehen gab, wir sind im Fernsehzeitalter groß geworden. Hier rückten auch die ersten Computer ins Licht. Aber der Erste, der sich dann so ein Videospiel kaufte, war mein Vater. Es war ein Atari. Bei uns stiegen auch die Arbeitslosenzahlen und die Scheidungsraten extrem an. Sicher war meine Arbeitshaltung dann auch eine andere als die meiner Eltern. Unser Konsumverhalten ist außerdem ausgeprägter als das meiner Eltern.

Wie siehst du die Generation Z?

Manchmal beneide ich euch, weil wir uns die Benutzung der digitalen Technologien erst im Erwachsenenalter aneignen konnten. Euch fällt eigentlich alles leichter. Ihr könnt ein selbstbestimmtes Leben führen, genießen und Spaß haben. Wobei ich finde, dass eure Generation es auch mit der Technologienutzung übertreibt, weil ihr oft 24 Stunden online seid und nur noch über SMS und Social Media kommuniziert. Es war schon cool, wenn man von einem Jungen einen Liebesbrief bekam. Er hat sich dann bemüht, besonders schön zu schreiben. Das ist doch wertschätzender, als heute über WhatsApp oder Instagram Herzchen zu verschicken. Ich mag eure herablassende Sprache nicht. Vielleicht verstehe ich euch auch einfach nicht mehr. Warum lasst ihr Artikel weg? »Ey, Alter, korrekt!« Warum sagt ihr »hartzen«, wenn ihr »rumhängen« meint? Das Niveau sinkt immer weiter ab. Wenn ihr die Ü-30-Partys »Gammelfleischpartys« nennt, dann ist das nicht lustig, sondern despektiertlich. Ich würde ganz klare Grenzen setzen, wenn eines meiner Kinder am Mittagstisch zu mir sagen würde: »Ey, Alte, lass mal die Kartoffeln rüberrollen!«

Aber ihr seid ja noch in der Selbstfindungsphase, deshalb geht ihr da wohl über diese verbalen Grenzen. Auch wenn ich es klasse finde, dass ihr offen über jedes Thema sprechen könnt: Solche Themen wären uns jedenfalls in eurem Alter peinlich gewesen. So finde ich schon, dass es nicht sein muss, vollkommen unverblümt die feurigen Details aus eurem Sexleben auszuplaudern. Auch das freizügige Tanzen irritiert mich schon. Solche sogenannten Sexydance Workshops, um sexy tanzen zu lernen, gab es in meiner Jugend nicht. Diese sexy Bewegungen, halbnackt, auch zu sehen in den heutigen Musikvideos, wirken auf mich vulgär.

Welche Gemeinsamkeiten gibt es?

Unsere Generation ist ja auch mit Sport aufgewachsen, da hat sich zu euch nicht viel geändert. Meine Generation trug in der Jugendzeit die ersten Turnschuhe, ich lediglich mit zwei Streifen, bei euch sind heute ja eher drei drauf. Heutzutage trage ich das gleiche

Modell von Turnschuhen wie ihr auch. Auch sind wir gerne ins Kino gegangen. Da gab es aber noch kleinere Leinwände, und eine große Auswahl an Filmen gab es auch nicht.

In welcher Zeit würdest du lieber aufwachsen, wenn du es dir aussuchen könntest, in deiner oder in meiner?

In deiner, denn ihr wachst in relativem Wohlstand auf und findet viel Rückhalt in euren Familien. Ihr werdet permanent umsorgt und beschützt. Bei euch sind Status und Macht eher von untergeordneter Bedeutung, und das finde ich gut. In eurem Leben spielen die tragenden Rollen Familie, Gesundheit und Beruf. Ihr könnt mit euren Eltern auf freundschaftlicher Basis kommunizieren. Einige gehen sogar mit den Eltern noch in einen Club oder tanzen mit ihnen auf einer Silvester-Party in das neue Jahr.

Das wäre zu meiner Jugendzeit unvorstellbar gewesen. Und ihr könnt einfach online auf Partnersuche gehen. Wir mussten in der Diskothek Ausschau nach dem richtigen Partner fürs Leben halten oder haben ihn dann später im Arbeitsleben kennengelernt. Partnervermittlungen gab es in der jetzigen Form gar nicht. Der Nachteil ist sicher, dass euch unglaublich viele Ideale vermittelt werden, die einfach nicht realisierbar sind. Allerdings gibt es für euch bei einer Dating-Plattform viele Möglichkeiten, den Partner auf gewisse Merkmale einzuschränken. Das ist schon verrückt …

Wie wichtig waren damals Klamotten?

Nicht ganz so unwichtig. In meiner Jugendzeit beispielsweise gab es Nike-Schuhe, die ich gerne gehabt hätte, wenn sie nicht so überteuert gewesen wären. Ansonsten trug ich C&A-Klamotten, aber das war absolut in Ordnung. Viele meiner Mitschüler gingen schon mit der Mode. Prägend waren sicherlich auch die Schlagersänger. Ich habe mich sehr an dem Stil von Nena orientiert. Wir haben uns sehr oft unsere Pullover und Socken selbst gestrickt. Strümpfe mit Löchern hat man nicht einfach weggeworfen, sondern gestopft.

Ihr dagegen liebt heutzutage den Luxus. Ihr belächelt das Aufbewahren von Geschenkpapier, das ein zweites Mal genutzt werden kann. Damit zeigt ihr, dass ihr keinen Respekt vor den älteren Leuten habt. Ich will das nicht verallgemeinern, aber das ist mein Gefühl, wenn ich die Jugend von heute beobachte.

Gab es damals Marken, die angesagt waren?

Bei den Turnschuhen gab es welche von Reebok, Nike und Adidas. Jeans der Marke Levis waren der Trend. Modisch aktuell waren sehr enge Jeans. Ich weiß noch, als ich mich in eiskaltes Wasser in die Badewanne legte und hoffte, dass sie nun noch enger anliegen würde. Man hat gemeint, die würden so einlaufen und schön knackig sitzen. Ganz angesagt wurde dann das Tragen von Polohemden. Der hochgestellte Kragen war Pflicht. Die mit den besser gefüllten Geldbörsen konnten sich auf ihren Polohemden das winzige Statussymbol des Krokodils leisten (Lacoste).

Hattet ihr finanzielle Möglichkeiten?

Ich bekam noch mit 17 Jahren 30 DM im Monat. Das war wirklich nicht viel. Mit dem Bus fahren war also nicht immer drin. Da musste man auch im Regen mit dem Fahrrad fahren, welches auch nicht die beste Qualität besaß. Solche tollen Räder, wie ihr heute kaufen könnt, gab es damals noch nicht. Fußmärsche über mehrere Kilometer, um die teure Busfahrkarte zu sparen, waren keine Seltenheit. Die Zeitschrift »Bravo«

war damals in, und die wollte ich natürlich auch gerne kaufen. Aber dafür reichte das Taschengeld nicht. So ging man auf den Schulflohmarkt und bekam sie dort für einen geringeren Preis. Diese Zeitschrift informierte uns über Musik, Sex und Partys. Aber unsere Eltern erlaubten nicht, dass wir sie lesen. So haben wir sie eben heimlich gelesen und dann weiterverkauft. Urlaube waren nur selten möglich. Hotelaufenthalte waren gar nicht drin. Aber in Zelten, Wohnmobilen oder Jugendherbergen zu schlafen war normal, und da man keinen Vergleich hatte, wie die Übernachtung in einem Hotel sein könnte, war es für uns immer ein Abenteuer und schön.

Gab es damals Neid oder Mobbing?

Natürlich gab es Neid und Missgunst. Man hat die Jugendlichen beneidet, die Markenklamotten tragen konnten und mit tollen Autos zur Schule gebracht wurden. Ob materieller oder nichtmaterieller Art, das Gefühl des Neides war schon oft vorhanden. Aber es hat einen nicht runtergezogen, und es führte auch ganz sicher nicht dazu, dass man die anderen dafür gemobbt hätte, jedenfalls nicht in dem Ausmaß, wie ich es bei eurer Generation so miterlebe. Das Wort Mobbing kannte ich als Jugendliche gar nicht. Wir hatten dafür das Wort »Hass«, aber gehasst habe ich jedenfalls keinen Jugendlichen, nur weil er anders war. Wenn jemand eine Brille der Marke »Ray Ban« trug, das war ja ein luxuriöses Statussymbol, dann habe ich so jemanden sicher beneidet, aber doch in Ruhe gelassen. Ich selbst wurde als Jugendliche nie fertiggemacht, ausgegrenzt, beleidigt oder in anderer Weise asozial behandelt. In der Schule hatte ich das damals auch bei anderen nie mitbekommen. Wir hatten eine gute Klassengemeinschaft. Ich kannte aber andere Klassen, in denen es immer mal jemanden gab, der lächerlich gemacht wurde.

Was waren denn damals tolle Autos?

Na ja, ich war ja ein Mädchen, und ich fand den Audi Quattro oder den legendären VW Käfer total klasse.

Ab wann ging das Interesse für Jungs und Beziehungen los?

Bei mir ab 15 Jahren, zeitgleich mit dem Flaschendrehen, das auf keiner Fete fehlen durfte. Meinen ersten Freund hatte ich ebenfalls mit 15.

5. INTERVIEW MIT EINEM MITGLIED DER GENERATION Z (2002 GEBOREN)

Wie siehst du die Generation Z?

Keine Ahnung. Da habe ich eigentlich noch nie drüber nachgedacht. Aber ich finde es gut, dass wir Handys und Computer haben dürfen. Ich kann mir nicht mal vorstellen, was meine Großeltern damals wohl gemacht haben. Ich glaube, die müssen sich den ganzen

Tag nur gelangweilt haben. Aber das ist ja auch schon ewig her. Ich finde es nicht gut, dass wir so einem hohen Leistungsdruck ausgesetzt sind. Meine Eltern sagen mir trotzdem oft, wie einfach und schön ich es in meiner Jugend hätte. Die regen sich allen Ernstes auf, wenn ich mir mal einen exklusiven Pullover von Supreme gönne. Aber das ist ja völliger Stuss. In der Schule acker ich jeden Tag hart, und wenn ich nach Hause komme, muss ich halt erst mal chillen, sonst würde ich krepieren.

Welche Gemeinsamkeiten gibt es zwischen dir und deinen Eltern?

Puuuh …, das ist ja gerade brainfuck. Digga, da fällt mir gar nichts ein. Aber manchmal guck ich mit den Alten die gleiche Sendung im TV. Das ist meistens so was wie Bachelor oder Adam sucht Eva. Da kriegen wir immer Lachkicks zusammen. Sonst interessieren die sich für Peter Maffay oder Udo Lindenberg, aber das ist so gar nicht mein Fall. Da bin ich eher bei Spotify am Start. Manchmal guckte ich mit meinem Vater im Weserstadion Werder Bremen, aber wenn Werder ein Tor schießt, springt er immer auf und schreit vor Glück. Das ist überhaupt nicht cool, sondern eher Fremdscham. Wenn er versucht, cool zu sein, indem er in seine Sätze so etwas wie »wie geil ist das denn?« oder »mega« einbaut, dann ist mir das echt peinlich.

In welcher Zeit würdest du lieber aufwachsen?

Digga, ist das ein Joke? Safe in meiner Zeit! Was hätte ich denn früher im Fernsehen geguckt? Heute langweilen mich schon die alten Schinken, die mein Vater mir immer zeigen will. Old Shatterhand und so was. Die Girls waren damals auch nicht Endlevel wie heut. Gar keinen Bock drauf.

Wie wichtig sind heute Klamotten?

Safe, fast das Wichtigste, oder Digga? Kein Plan, also ich versuche schon immer fresh auszusehen. Bei mir ist der Trainingsanzug von Lacoste immer am Start. Bald will ich mir 'ne Roli (Armbanduhr der Marke Rolex) klären. Aber auch bei den Mädchen ist es wichtig, dass die nicht Pimpkie oder Tally Weiyl tragen. Das sind dann richtige Bitches. Aussehen ist heute, glaube ich, das Wichtigste. Sonst wird man ja auf Instagram nicht angeschrieben oder kann sich keine Girls klären. Mein Vorbild ist da Shindy. Der Typ geht in den Club, und alle machen Augen. Die freshen Klamotten sind einfach Endlevel von dem.

Welche Marken sind heute angesagt?

Safe Alter, Supreme, Adidas, Nike, aber alle wollen eher Balenciaga oder Gucci tragen. Aber, Digga, da kostet ein Pullover ein Taui (1000 Euro). Aber in meiner Schule tragen eigentlich die coolen Leute Yeezys und Pullover von Ralph (Modedesigner Ralph Lauren) oder Off

White. Wenn man heute so einen Pullover besitzt, ist man der King in der Schule. Jeder geiert safe und will auch.

Was hast du für finanzielle Möglichkeiten?

Meinst du Geld? Ich bekomme 90 Euro Taschengeld im Monat, aber wenn ich ins Kino gehen will, dann geben meine Eltern mir natürlich das Geld dafür. Oder wenn ich neue Sneakers will, dann werden die von meiner Mum gekauft.

Findest du, du bekommst viel Geld?

Bro... auf keinen. Überleg mal. Ein Ultra Boost kostet schon 180 Tacken. Und den trägt jeder. Und wenn ich mir in der Schule oder danach was zu essen gönne, dann sind das auch immer safe 10 Euro, die da abhauen. Manchmal gebe ich auch meinem Bro Döner auf meinen Nacken aus. Ist Pflicht. 'ne Fahrkarte in die Stadt kostet mich fast ein Zwanni (20 Euro) für Hin- und Rückfahrt. Da würde ich am liebsten jeden Tag hinfahren.

Gibt es Neid, Mobbing in deinem Umfeld?

Ja, Mann, zu viel. Alle machen Auge, wenn jemand Erfolg hat. Man Vater sagte mal: Jeder will, dass du Erfolg hast, bis du ihn hast. Niemand gönnt selbst 'ne gute Note in der Schule oder so was. Ganz ehrlich, diese 15-jährigen Rapper werden von allen ausgelacht, aber nur, weil jeder so sein will wie die. Niemand hat die Eier, ein Video online zu stellen oder Musik zu machen, weil man sowieso dafür ausgelacht wird. Selbst die besten Freude gönnen oft nicht. Schade eigentlich. Manchmal bleibt man doch lieber Freund, um vom Geld des anderen zu profitieren. Jeder denkt nur an sich selbst. Selbst meine Lehrer sind neidisch, weil ich glaube, ich kann viel reißen. Die verdienen alle nix und müssen sich daran aufgeilen, Kindern in den Arsch zu treten und ihre Macht auszuüben. Also die meisten Lehrer sind so, na klar, nicht alle. Und natürlich gibt es auch an meiner Schule Mobbing. Das kriege ich sehr oft mit, aber einsetzen werde ich mich nicht für das Opfer. Dann wird man selbst zum Opfer. Ich hab keinen Bock auf Stress!

Ab wann interessiertest du dich für Mädchen?

Ich glaube, das hat angefangen ab dem Zeitpunkt, wo ich das erste Mal auf einer Party war. Da war ich 12 oder 13. Die Party war von einem 17-jährigen Freund von meinem Bruder. Da hat man auch mit dem Alk angefangen. Ich weiß noch … meine erste Flasche Belvedere Wodka. Übergeil! Aber da liefen echt geile Mädchen rum. Weißte, mit Push Up und so. Die waren alle schon 14, aber war mir egal. Alle waren hacke. Und ich konnte einfach zu der geilsten gehen und mit der rumlecken. Aber das ist ja normal auf diesen Partys. Jeder ballert sich mit Alkohol zu und merkt nichts mehr. Voll geil!

Das größte Übel der heutigen
Jugend besteht darin, dass man
nicht mehr dazugehört.

Salvator Dalí

KAPITEL 2

JUGENDKULTUREN

1.

Als Jugendkultur werden die kulturellen Aktivitäten
und Stile von Jugendlichen innerhalb einer gemeinsamen Kulturszene bezeichnet.* Der Begriff »Jugendkultur« wird im Zusammenhang mit Jugendlichen verwendet, die ihr eigenes Ding machen wollen. Jugendliche
wollen kreativ sein, eigene Entscheidungen treffen und
eigene Werte entwickeln sowie ihr Leben nach ihren eigenen Vorstellungen planen und führen. Jugendliche unterscheiden sich zu 99 Prozent durch ihre Interessen
von ihren Eltern. Und das in Unmengen von Punkten
wie zum Beispiel Kleidung, Konsum, Musik, Sport usw.
Hier einige Beispiele für Jugendkulturen: Techno, Ska-
ter, Skinheads, Hooligans, Rapper, Emo, Punk, Gothic,
Hip-Hop.

* Quelle: Gustav Wyneken, wikipedia.de

2. RAPPER: MODERNE LYRIKER ODER GANGSTER?

Unbestritten ist: Ein Rapper ist ein Musiker. Klar handelt es sich nicht immer um schöne Reime wie in kanonischer Lyrik, aber die Rapper spielen damit. Genau das gefällt mir. In der Rap-Branche wird sehr häufig das Leben eines Rappers näher beleuchtet. Der gibt auch oft viel von seinem Leben preis: wie er aufgewachsen ist, wie er sich kleidet etc. Ob er lebt, was er singt, ist manchmal natürlich fragwürdig. Er kann ja alles behaupten: er sei ein gesuchter Verbrecher oder aber ein Drogendealer. Es sind schließlich keine Gangster aus dem Ghetto, sondern sie leben in einer fiktiven Welt. Ich selbst betrachte die Rap-Texte meist unkritisch, denn es ist nur Gesangskunst. Die artikulierte Menschenverachtung ist oft nur gespielt. Rapper machen oft Anspielungen, die nicht von allen als passend empfunden werden. Es geht dann um ein Machtverhältnis, in der Fiktion definiert. Einige Jugendliche beeinflusst allerdings die Sprache so sehr, dass sie sie auch in ihre Sprache integrieren und den Slang annehmen. Damit kann man feststellen, dass Rapper einen großen Einfluss auf die heutige Jugend, insbesondere deren Verhalten und Sprache haben. Ich finde die Songs motivierend, und viele sind auch sehr emotional. Was soll schlecht daran sein, dass einige Rapper Identifikationsfiguren für die Jugend darstellen? Ob es gut ist, ein Vorbild wie Bushido, Fler oder Haftbefehl zu haben und diesen nachzueifern, sei dahingestellt. Diskriminierende Texte finde ich selbst natürlich auch nicht für Kinderohren geeignet, aber als Jugendlicher sehe ich das gechillter, zumal es bis heute keine Nachweise für die verrohende Wirkung von Gangster-Rap gibt. Ich glaube vielmehr, dass das Genre auch eine Wirkung hat und damit den Kindern und Jugendlichen meiner Generation Halt bieten kann. Dass diese Songs provozieren sollen, weil sie Obszönitäten verwenden, ist doch bekannt. Meiner Meinung nach werden keine Grenzen überschritten, weil es sich im Rap um eine eingeführte Rede handelt.

Hier beispielhaft einige Lines aus einem Rap-Song von Bushido mit dem Titel »Mythos«:

Yeah
Jetzt kommt meine Zeit und der Rest kann gehen
Kompromisslos, ich fick' deine besten zehn
Du willst weg, doch wohin bloß? Keiner ist geblieben
Man hat Feinde, man hat Freunde, man hat Höhen,
man hat Tiefen
Es geht rein in den Q7, raus in die Welt
Mich konnte keiner hier besiegen, Junge, außer mir selbst
Ich sehe finstere Gestalten, wie sie singen
Er ist ein guter Junge und wir schleifen unsere Klingen
Jedem meiner Feinde geht es an den Kragen
Sie können mich nicht leiden, doch müssen mich ertragen
Ein Dorn in ihrem Auge, Spiegel ihrer selbst
Sag, woher kommt der Glaube, dass du niemals wieder fällst?
Fick auf Ruhm, fick auf Geld, Junge, das hier ist für immer
Warum du so behindert bist? Keinen blassen Schimmer
Damals mit der MPC nachts in meinem Zimmer*

* Quelle: Album Mythos, released September 28, 2018, second track, Label: bushidoersguterjunge GmbH, im Vertrieb der Sony BMG

3.

Man kann nicht alle Rapper über einen Kamm scheren. Es gibt Rapper, die nur durch ihr Äußeres polarisieren wie Six Nine oder Trippie Red. Und es gibt Rapper, die durch ihre Texte Aufsehen erregen wie beispielsweise Tupac oder Biggie, aber auch richtige Gangsterrapper wie Bushido oder AK Ausserkontrolle. Natürlich leisten sich alle mal einen provokanten Part, aber warum wird bei ihnen so penibel darauf geachtet? Bushido ist seit 20 Jahren wegen ein und demselben »Scheiß« in den Medien. Rapper möchten gehört werden. Jugendliche sollen ihre Musik hören und daraus einen Nutzen ziehen. Ihre Musik motiviert oder hilft durch schwere Zeiten.

Viele meiner Freunde hören beim Sport Kontra K. Deshalb sind diese Rapper einfach so elementar für die Jugend und haben einen unglaublich großen Nutzen. Wer hat sich schon einmal mit Schlager oder so richtig gut motivieren können? Eher nicht viele.

Natürlich gibt es auch negative Seiten. Mit frauenfeindlichen, schwulenfeindlichen oder antisemitischen Textpassagen überschreiten diese Musiker deutlich Grenzen. Aber ist es nötig, Bushido immer noch zehn Jahre später dafür an den Pranger zu stellen? Man muss doch den ganzen Menschen sehen, wenn man ihn beurteilen möchte. Er ist auch Ehemann und Vater mehrerer Kinder, hat eine coole Frau. Viele verurteilen ihn heute noch dafür, weil sie immer der nächsten Schlagzeile hinterherrennen und es ihnen Spaß macht, Leute anzustacheln. Sie schüren Vorurteile. Einige Rapper geraten dann leicht in Rage, was wiederum zur nächsten Schlagzeile führt. Am Ende kommt dann heraus:

Rapper sind kriminell, asozial, Schulabbrecher, Hochstapler, arrogant etc. Weil man es einfach nicht zulässt, achtet man nur auf das Negative, nicht auf die vielen positiven Seiten. Viele Rapper spenden einen großen Teil ihrer Gelder, geben es ihren Fans damit zurück, beispielsweise in Form von großen, ungesponserten Gewinnspielen. Einige ermöglichen ihren Familien aus Krisengebieten ein besseres Leben. Aber auch das Gute reißt der größte Teil der Presse ins Negative und stempelt so etwas oft als protzig ab oder suggeriert einen Fake. Ein weiteres Problem ist, dass wir immer noch zwischen Rappern und Musikern unterscheiden, auch dadurch wird ein negatives Bild suggeriert. Man hört oft, das sei doch »keine Musik«. An einem Rap-Song von Fler, Shindy oder Farid Bang arbeiten die besten Produzenten. Die Videos sind von den besten Regisseuren kreiert. Ihre Songs laufen in den besten Clubs, werden von den besten DJs gespielt, aber durch schlechten Journalismus in Deutschland zieht man das alles nicht in Betracht. Rapper aus Amerika wie Kanye West, P Diddy oder Eminem gehören zu den größten Musikstars aller Zeiten und geben der Jugend natürlich viel mit, was Mode, Trends usw. angeht. Sie übernehmen praktisch die Rolle der total getypten und anerkannten Influencer. Und da wird häufig von einem Problem gesprochen, Rapper würden Drogen oder Waffen verherrlichen, aber das stimmt meiner Meinung nach nicht. Als Rap-Hörer unterscheiden wir zwischen »Eminem kauft sich neue Yeezys« – das sind Turnschuhe, die es oft nur in limitierter Auflage zu kaufen gibt –, die muss ich auch haben, und »Eminem sagt, er nehme Drogen«. Das muss ich machen, wenn ich auch ein Gangster sein will. Wir wissen außerdem genau, ob es nur ein Stilmittel von ihm ist, so etwas zu sagen, oder Realität. Natürlich gibt es schwarze Schafe. Man kann deswegen nicht verallgemeinern. So gibt es auch Pop-Bands mit rechtsradikalen Texten oder schwulenfeindliche Rock-Bands. Viele denken, Rap wäre immer noch ein Nischengenre. Der Grund ist, dass Rap, so wie wir diesen Musikstil kennen, noch gar nicht so lange existiert. Vor allem in Deutschland. Hier gibt es Rap sogar erst seit ungefähr 20 Jahren, aber inzwischen verkaufen einige deutsche Rapper nur in Deutschland mehr Platten als andere Popmusiker auf der ganzen Welt. In manchen Ländern ist Rap sogar das erfolgreichste Musikgenre. Wenn wir das endlich verstehen, dann verändert sich unsere Sicht auf diese Künstler. Sie sind nicht nur Stars, sondern auch Influencer, Lifebuilder, Indentifikationfiguren und vor allem nicht alle asozial oder kriminell. Sie benutzen lediglich neue Stilmittel, welche zur Vermittlung von Gefühlen helfen sollen. Deswegen sind sie ein geeignetes Vorbilder für viele von uns Jugendlichen. Sie sind die neuen Shakespeares, nur vermitteln sie ihre Texte und Botschaften für die Jugend verständlich. Sie erreichen diese durch Kanäle wie Social Media schon sehr früh und einfach. Kritiker von Bushido sollten sich einmal »Schmetterling«, »Papa« oder »Alles wird gut« anhören und danach darüber urteilen, ob dieser Rapper wirklich die Jugend verderben möchte. Hier ein kleiner Auszug aus »Schmetterling« von Bushido:

Du siehst so hübsch aus, wenn du neben mir liegst.

Dein Blick, und ich weiß, ich bin der, den du liebst.

Du schenkst mir mehr, als ich dir jemals wiedergeben kann.

Halt mich fest und mach, dass ich wieder leben kann.

Wieder sehen kann ich, bin so blind ohne dich.

Bitte deck mich zu, ich bin wie ein Kind ohne dich.

Wie ein kleiner Junge, der mit Licht einschläft,

das Licht anlässt, weil er ohne nicht einschläft.

Wie kann es sein, du bist ein Engel auf Erden.

Ich wollte niemals glauben, dass Engel auch sterben.

Du bist die Sonne, die am Himmel scheint.

Du allein bist der Grund, warum der Himmel weint.

Wenn die Wolken sich auftun,

ist es so, als wenn du mich anlächelst und die Wolken

sich ausruhen.

Glaub mir eins: ich würd mich gerne bemühen,

denn ich lieb dich so sehr, dass wir wie Sterne verglühen.

Ich guck dich an, als wärst du von 'nem anderen Stern.

So wie wir beide sind, wären die anderen gern.

Du bist mein Schatz, ich lieb dich, wie mein eigenes Leben.

Ich vergess die ganze Welt und seh nur uns zwei im Regen.

Uns zwei, wie wir nur noch uns zwei haben.

Schenk dir tausend weiße Tauben, wenn wir uns heiraten.

Du hast nicht gewusst, dass ich ein Rapper bin.

Doch ich wusste damals schon, du bist mein Schmetterling.

Wie eine Träne im Meer

komm ich mir vor, wenn ich dran denke,

was wär, wenn dein Segen nicht wär', denn ein Tag ohne dich

wär wie ein Ende ohne Anfang, wie ein Tag ohne Licht.

Und ich will nie mehr alleine raus in die Welt,

weil's mir schon lange nicht mehr draußen gefällt.

Du hast dich so sehr um mich gesorgt,

und ich schulde dir so viel, du hast hast mir so viel geborgt.

Guck hier, ich hab dir alles von mir anvertraut.

Du bist die einzige Frau, der man vertraut.

Weil ich weiß, was dein Lächeln bewirkt,

bete ich jeden Tag, dass dein Lächeln nicht stirbt, mein Schatz,

Du bist und bleibst mein Schatz.

Du hast tief in meinem Herzen bis zum Schluss dein' Platz.

Du nimmst mir die Angst, weil du so wirklich bist.

Du bist unendlich süß, weil du mein Pfirsich bist.

Ich guck dich an, als wärst du von 'nem anderen Stern.

So wie wir beide sind, wären die anderen gern.

Du bist mein Schatz, ich lieb dich wie mein eigenes Leben.

Ich vergess die ganze Welt und seh nur uns zwei im Regen.

Uns zwei, wie wir nur noch uns zwei haben.

Schenk dir tausend weiße Tauben, wenn wir uns heiraten.

Du hast nicht gewusst, dass ich ein Rapper bin.

Doch ich wusste damals schon, du bist mein Schmetterling.*

* Quelle: Album Electro Getto: released Oktober 24, 2004, 6th track,
 Label: ersguterjunge GmbH, im Vertrieb der Universal Music Group

> Jede Generation lacht über Moden,
> aber folgt den Neuen treu.
>
> Henry David Thoreau

KAPITEL 3

SUPREME UND CO. – EINE NEUE DROGE!

1.

Als ich mich in Frankfurt auf der Zeil aufhielt, um nach ein paar Sneakern zu gucken, wollte ich in den Foot Locker gehen. Das ist ein großes, bekanntes Schuhgeschäft für vorwiegend junge Leute. Da bemerkte ich etwas, was mich neugierig machte. Ich sah eine riesige Ansammlung von Menschen und einige Zelte sowie Campingstühle. Aber warum sollte man auf einer Shoppingstraße sein Zelt aufschlagen und dort übernachten? Als ich näher herantrat, sah ich, wie sich einige Leute auf einer Liste eintrugen. Ich wartete und versuchte einen Blick auf diese dubiose Liste zu werfen. Als es mir gelang, realisierte ich, dass man sich hier für einen Schuh interessierte. Auf dieser Liste wurden Schuh-Anwärter eingetragen, und für die ersten hundert wurde ein Traum wahr. Es handelte sich um einen Yeezy Boost 350, den wohl beliebtesten Schuh unter Jugendlichen. Aber als ich sah, wann dieser Schuh rauskommen würde, war ich schon etwas irritiert. Hatten diese Leute wirklich vor,

auf dieser Straße zu übernachten? Ich sprach einen Jungen in meinem Alter an, fragte ihn, was denn hier los sei. Daraufhin zeigte er mir auf seinem Handy das Objekt der Begierde. Er sagte, dieser Schuh wäre von einem bekannten Rapper gemacht worden: von Kanye West. Er zeigte mir auch ein Video aus den Staaten, und ich sah, wie eine Massenhysterie ausgelöst wurde, weil man auf den Gewinner eines Raffles (ein lottoähnliches Prinzip, nur dass man einen Schuh gewinnt) wartete. So etwas hatte ich noch nie gesehen. Die beliebten Schuhe würden 220 Euro kosten. Das Besondere an diesen sei, dass sie eine Wertsteigerung von über 1000 Prozent hätten. Ich bedankte mich für das informative Gespräch und ging weiter. Ich googelte. Auf bekannten Sneaker-Websites wie Flightclub sah ich, dass der Yeezy Boost 350 2500 Euro kostete! Ein Schuh in dieser Preisklasse war mir bis dato fremd. Ich recherchierte und fand heraus, dass es kein einzigartiges Phänomen war, sondern dass viele andere Kleidungsstücke von Marken wie z. B. Supreme eine ähnliche Wertsteigerung aufwiesen.

Heute ist der Hype um Marken wie Supreme und Co. bei so gut wie jedem angekommen. Aber bevor man über den Stellenwert dieser Marken diskutiert, muss man erst einmal klären, was dahintersteckt. Supreme macht

die für Jugend angesagte Mode, welche nur sehr schwer zu bekommen ist. Warum eigentlich? Ganz einfach: sie produzieren Bekleidungsartikel in niedrigen Stückzahlen und in manchen Fällen zu einem hohen Preis.

Anmerkung

Die Marke Supreme wurde 1994 gegründet. Einige Jahre später eröffnete ein weiterer, weitaus größerer Laden in Los Angeles. Heute gibt es Geschäfte in Paris, London, Tokio (Harajuku, Daikanyama & Shibuya), Nagoya, Osaka sowie Fukuoka. Das nur allbekannte Box-Logo von Supreme, in dem der weiße Schriftzug einen roten Hintergrund ziert, stammt von Barbara Krugers Propagandakunst.

Die private Beteiligungsgesellschaft Carlyle Group erwarb 2014 einen großen Anteil an der gehypten Marke. Man mutmaßt, dass es sich um Anteile von 50 Prozent handelte, für die 500 Millionen Dollar bezahlt wurden. Was aber nicht für Verwunderung sorgen sollte, da die Marke Supreme einen geschätzten Wert von einer Milliarde US-Dollar hat.[*]

* Quelle: wikipedia.de

2.

Was das Thema Loyalität angeht, spielen die Fans von Supreme und Co. ganz oben mit: Eine riesige Anhängerschaft aus oft auch prominenten Fans updatet sich fast täglich über neue Designs und Kollektionen. Supreme löste einen so großen Hype aus, dass Fans der Marke sogar mehrere Stunden bei Wind und Wetter vor einem Laden stehen, um überhaupt etwas von den limitierten Stücken zu bekommen. Oft schauen wir uns den Style von unseren Lieblingskünstlern an und wünschten uns, dasselbe tragen zu können. Supreme hat es geschafft, durch straßentaugliche Mode, die auch bei Promis beliebt ist, die Unter-, Mittel und Oberschicht styletechnisch zu vereinen. Wie oft kannst du auf Instagram gehen und siehst, dass man gerade denselben Pullover trägt wie die Schauspielerin Selena Gomez oder einer von den Migos (das ist eine Rappergruppe). Aber nicht nur deswegen ist Supreme zu einer Kultmarke geworden. Dadurch, dass es bei manchen Kleidungsstücken unmöglich scheint, etwas zu bekommen, reizt es die Leute mehr. Als Louis Vuitton mit Supreme kollaboriert hat und damit zwei der beliebtesten und bekanntesten Marken der Welt sich zusammengetan haben, wurde einer der größten Mode-Hypes der Geschichte ausgelöst. Aber auch ohne diese Besonderheiten bleibt Supreme ein Mode-Phänomen.

Aber wie schaffte es Supreme, zu einem Phänomen zu werden? Das fing alles im Jahr 1994 an. Der erste Laden in New York in der Lafayette Street war bald der neue Inbegriff für Coolness. Verkäufer im Skaterlook und eine neue Skateboardmarke für die damals riesige

Skater-Kultur waren Gesprächsthema Nummer 1. Verkäufer wurden zu Freunden, und der neue Laden zum neuen Zuhause. Dazu kam das provokante Auftreten gegenüber großen Marken. Im Jahr 2000 brachte Supreme ein Skateboard in die Shops mit einem etwas abgewandelten Louis-Vuitton-Logo. Den Fans gefiel es, Louis Vuitton aber nicht. Supreme nahm das Produkt wieder vom Markt, was für Schlagzeilen sorgte. Aber schlechte Presse gibt es bekanntlich nicht.

Durch solche Aktionen wurde Supreme zu einer Marke, mit der sich die Käufer identifizieren konnten. Damals war es noch nicht vorstellbar, für einen Pullover einen vierstelligen Betrag auszugeben, wie es bei Louis Vuitton der Fall war. Eine Einstellung, die sich heute bei vielen Interessenten um 180 Grad gewendet hat. Aber der ganz große Knaller waren die Kollaborationen, welche bis heute das Thema in der Modewelt sind. Die wohl wichtigste in der Geschichte Supremes kam 2007 auf den Markt. The North Face hieß der Partner. Was präsentiert wurde, war etwas extravagant, mit Leopardenmuster in den Jacken. Aber polarisiert hatte Supreme ja schon immer. Bis heute besteht die Zusammenarbeit, und weiterhin sind die Jacken unter der Fanbase mit das beliebteste Produkt. Kollaboriert hat Supreme schon mit Vans, Thrakischer, Coleman, NAS, Louis Vuitton, Nike, Fender, Hysteric Glamour, Scarface, Stone Island, Andis, Independent, Akira, Levis, Cindy Sherman, Everlast, Timberland, Vanson Leather, Nan Goldin, Undercover, Public Enemy, Spitfire, Lacoste, Hellraiser, Fox Racing, Rimowa, Clarks und vielen mehr. Mehr als Streetfashion war Supreme erst 2012, als man von Comme des Garcons in die High-Fashion-Szene geholt wurde. Dieser Vorgang sorgte für weltweites Aufsehen. Auf einmal war Supreme mehr als nur eine Streetfashion Brand.

Durch die Medien sah man nun die größten Stars der Welt mit der Marke rumlaufen. Und im Gegensatz zu allen Vermutungen gab es kein Sponsoring von Supreme, das hat sich bis heute nicht geändert. Supreme macht vieles anders, aber hebt sich von der Masse ab, und gerade das macht die Marke für Stars so attraktiv. Sie selbst bekommen keine Angebote, gratis Klamotten oder Ähnliches. Sie müssen sich die Kleidungsstücke über Kontakte oder im Shop besorgen. Gegenwärtig gibt es elf eigene Supreme-Läden, was das Kaufen erschwert, denn in Deutschland findet man zum Beispiel keinen. Also bleibt nur noch die Möglichkeit, im Internet zu shoppen. Aber aufgepasst: Schafft man es nicht, rechtzeitig auf der Seite zu sein, dürfte es bei manchen Stücken nahezu unmöglich werden, diese noch zu ergattern, da selbst das Auktionshaus Christie's mit der Louis Vuitton Supreme Kollabo handelt. Von einem Laden in der Lafayette Street zu einem Unternehmen mit einem geschätzten Vermögen von 1 Milliarde US-Dollar. Auch so etwas ist möglich.[*]

* Quellen: www.welt.de, supreme.com

3.

Durch Marken wie Supreme, Jordan und Yeezy entwickelte sich bei den Kunden ein noch nie dagewesenes Interesse, was Kleidung anging. Das führte dazu, dass die Schere zwischen Angebot und Nachfrage immer weiter auseinanderging. Leute waren auf einmal dazu bereit, für ein T-Shirt 100/200 Euro oder mehr zu bezahlen, auch wenn der Ursprungspreis nur bei 50 Euro lag. Über das Internet wurden die Produkte zum Beispiel auf eBay, Kleiderkreisel etc. verkauft. Aber nicht nur der Mainstream bereicherte sich an dem Hype. Firmen wurden gegründet, welche es den Kunden einfach machten, die begehrten Artikel zu kaufen und den Preis zu ermitteln, um anderweitig vom Resell-Game zu profitieren. Und das klappte wunderbar. Heute muss man teilweise fünfstellige Beträge zahlen, um so manchen Pullover zu erwerben. Einzigartig! Momentan wird das Thema »reselling« zu einem Problem, denn obwohl es sich so anhört, als ob man als Hersteller solcher Produkte viel verdient, ist die Realität eine andere. Ironischerweise verdienen die Reseller deutlich mehr an den Produkten als die Marke selbst. Diese wirkt dem entgegen, indem sie das Angebot erhöht. Dadurch schaden sie sich aber oft selbst, da die Exklusivität der Produkte das Erfolgsgeheimnis ist. Beliebte Resell-Portale sind zum Beispiel Goat, Grailed oder eBay.

4. FAKE, FAKE, FAKE! 50% MEINER MITSCHÜLER TRAGEN RAUBKOPIEN!

Fakes gab es schon immer und in jedem Kontext (Kunst, Medien). In den letzten Jahren ist die Produktion von Fake-Artikeln durch die große Nachfrage gestiegen. Vertrieben werden sie unter anderem auf typischen Internetseiten wie Amazon und eBay, jedoch von privaten Anbietern. Diese Fakes waren qualitativ schlechter als das Original und wichen oft vom Design ab. Oft wurde einfach der Name einer bekannten Marke verwendet. Mittlerweile wurden Fakes perfektioniert, was Qualität und Optik angeht.

Marken wie Supreme begeistern die Jugend und dienen als Statussymbole. Trägt man Kleidung von diesen

Marken, gilt man als cool. Auch auf sozialen Netzwerken sind teure Klamotten Beweggründe, warum man einer Person folgt oder nicht. Deshalb wollen viele junge Menschen diese Marken tragen. Die Preise übersteigen nur oft die finanziellen Möglichkeiten von Jugendlichen. Hunderte Euro für Shirts oder Pullover sind nun mal nicht mainstreamtauglich. Die einzige Möglichkeit für viele Jugendliche, diese Marken tragen zu können, scheint dann der Kauf von Fakes. Produktpiraterie ist kein Offizialdelikt. Wenn Gucci will, dass die gefälschte Handtasche eingezogen wird, dann wird die Tat verfolgt. Aber die Hersteller haben oft gar kein Interesse an der Rechtsverfolgung, denn die macht Arbeit und kostet Geld. Und eine gefälschte Handtasche ist eben manchmal die beste Werbung für die echte.

KAPITEL 4

DIE HEILIGE PLAYSTATION

1.

Mit 15 Jahren besuchte ich mit mit meinen Freunden Ben, Mara und Emma einen Tanzkurs, wie es in dem Alter üblich ist. Ich wusste, dass Bens Freundeskreis oft vor der PlayStation hing, aber das war normal. In meiner Schule gab es praktisch keine anderen Gesprächsthemen. Man sprach über die neuesten Highscores. Der Tanzkurs lief auf einen Abtanzball hinaus. Nach zehn Tanzstunden (sprich zehn Wochen) war es dann so weit. Meine Mutter sagte mir oft, dass zu ihrer Jugendzeit der Abtanzball etwas ganz Besonderes gewesen sei. Man hätte schon ein halbes Jahr vorher das passende Abtanzballkleid ausgesucht. Niemand wäre auf die Idee gekommen, so ein Event zu versäumen, auch wenn man krank gewesen wäre oder einen Geburtstag eines Freundes dafür hätte absagen müssen. Als wir auf dem Rückweg waren und über das anstehende Event diskutierten, erzählte Ben, dass er nicht könne. Ich dachte mir, er hätte einen triftigen Grund. Aber ich lag falsch. Er erklärte mir, dass an diesem Wochenende ein On-

line-Turnier starten würde. Es ging um irgendetwas bei dem Spiel FIFA (ein virtueller Fußballsimulator), genau kann ich mich nicht mehr dran erinnern. Ich schmunzelte und guckte meine beiden Freundinnen an. Aber als nichts weiter von ihm kam, fragte ich ihn, ob er das ernst meinte. Lachend sagte er: »Ja, natürlich, wer bin ich, dass ich auf einen Abtanzball gehe. Schlimm genug, dass ich den Tanzkurs mitmachen musste.« Für mich war es eher lächerlich, an einem Online-Turnier teilzunehmen und 24 Stunden in einem dunklen Zimmer vor der PlayStation zu hängen. Und außerdem fand ich es ziemlich unsensibel Emma gegenüber, weil sie sich sehr auf den Abtanzball gefreut hat und ohne ihn nicht teilnehmen wollte. Auch für seine Eltern war es sicherlich sehr schade, da diese ihren Sohn auf so einem Event nicht tanzen sehen konnten, dachte ich mir. Aber er ließ nicht mit sich reden. Das Werteverständnis einiger Jugendlicher der Generation Z ist ein vollkommen anderes als das der Generation X, zu welcher meine Eltern gehören.

2.

Zur Erklärung: Die PlayStation ist eine unter Jugendlichen und Erwachsenen beliebte Spielekonsole des japanischen Unternehmens Sony. Die PlayStation 1 wurde mit laut offiziellen Angaben über 104,25 Millionen verkauften Exemplaren weltweit zur erfolgreichste Konsole aller Zeiten. Übertroffen wurde sie vom eigenen Nachfolger, der PlayStation 2. Das führte dazu, dass der bisherige Marktführer für Spielekonsolen, Nintendo, den Thron abgeben musste. Wir sind aber 2018 schon im Jahr der PlayStation 4, welche rund 82,2 Millionen Mal verkauft wurde. Die PlayStation ist zu einer Art Mythos geworden. Wenn man ein gewisses Alter erreicht, weiß man einfach, dass es sie gibt und dass man sie will. Die Frage, was bringt mir das Spielen oder hält es mich vielleicht von wichtigeren Dingen ab, stellt man sich nicht.

Sony sollte lustigerweise zuerst ein CD-Laufwerk für den Super Nintendo entwickeln. Der Codename dieses Laufwerks war Play Station. Als kleines Dankeschön erlaubte Nintendo Sony, selbst eine Spielekonsole mit CD-ROM-Laufwerk mit der SNES-Technologie zu entwickeln, mit dem Arbeitstitel »Play Station«. Als man in den Nachrichten hörte, dass Nintendo mit Philips eine Zusammenarbeit plane, welche kurze Zeit später wieder beendet wurde, machte Sony aus dem Projekt eine eigenständige Spielekonsole mit dem Namen »PlayStation Experimental«. Es wurde oft darüber spekuliert, ob das X für »Extreme« oder für »Expansion« stünde. Nichts darüber wurde offiziell bestätigt. Auch deswegen trug die PSone oder auch PlayStation 2 bis zu ihrem offiziellen Erscheinungsdatum den Titel »PSX«. Ein wenig später erschien die »PlayStation 2« im Jahre 2000, deswegen wurde die Konsole in PSone umbenannt. Jedoch hält sich der Name PSX in der Umgangssprache bis heute, da man eine eindeutige Bezeichnung nicht ausmachen konnte. Später sollte der Name PSX noch offiziell werden, da Sony einen Multimedia-Hybriden aus der PS2 und einem Festplattenrecorder auf den Markt brachte.

Auf dem Stand der damaligen Technik bedeutete es einen Fortschritt, dass Sony die Spiele nicht auf Modulen rausbrachte, sondern auf CDs. Auch das dürfte zum Welterfolg beigetragen haben. Dadurch, dass man nun CDs verwendete, wurden nicht nur die Produktionskosten erheblich verringert, man hatte vielmehr ganz andere Möglichkeiten, ein Spiel zu gestalten. Und das in vielen Bereichen: von ikonischer Filmmusik, die man nun zum Beispiel in Star-Wars-Spielen etc. verwenden konnte, bis zu spannenden Zwischensequenzen, um einen vernünftigen Handlungsstrang aufzubauen. Dadurch, dass Raubkopien nur schwer zu erstellen waren, wurde die PlayStation 2 immer beliebter bei der Sony-Fangemeinde.

Durch die Boot-CDs war es zuerst nur möglich, Spiele aus der eigenen Schmiede zu verwenden. Wenig später gab es den sogenannten Modchip, der es ermöglichte, Spiele von anderen Herstellern und aus anderen Län-

dern einzusetzen. Der Umbau wurde durch diverse Spielehersteller populär; diese Normalversionen wurden erst einige Jahre nach Veröffentlichung für Spieler aus anderen Ländern und Kontinenten zugänglich. Diese Versionen waren in Auflösung und Qualität deutlich schlechter, weil auf die europäische Fernsehnorm verzichtet wurde. Es entstanden breite schwarze Ränder, die die Optik beeinträchtigten, und der Spielablauf verlangsamte sich. Entgegen den Erwartungen versagten diese bei der Community nicht, weil sie ein Spielerlebnis, wenn auch mit gewissen Einschränkungen, für alle möglich machten. Leider wurden Spiele mit viel Text oder exzellenter Grafik in Europa oftmals nicht veröffentlicht. Dieses Ungleichgewicht wurde für viele Spieler zum Anlass genommen, Mod Chips einzubauen, was ihnen ermöglichte, auf eine weltweite Spielebibliothek zuzugreifen. Man konnte jetzt kopierte CDs einlegen. Auch konnte die PlayStation Audio-CDs abspielen; dafür aber mussten so viele technische Feinheiten beachtet werden, dass ein eigenes Buch erforderlich wurde. Ein wenig später war es der PlayStation sogar möglich, Formen und Farben auf dem TV-Bildschirm zu präsentieren, die sich im Rythmus der Musik bewegten. Nun war Sony im Rennen mit Nintendo eine Nasenspitze vorne, da die PlayStation im Gegensatz zur Snes schon teilweise technisch ausgereift war. Die PlayStation war allerdings deutlich neuer.*

3. COMPUTERSPIELE SIND KINDHEIT FÜR DIE GENERATION Z

Zwei von drei Kindern im Alter von 6 bis 12 Jahren spielen laut Umfragen mindestens zweimal die Woche am Computer oder an der Spielekonsole. Eines von vier Kindern lässt sich sogar täglich mehrere Stunden von der PlayStation, der Wii oder dem Handy berauschen. Tragbare Konsolen wie Nintendo DS, die PlayStation Vita etc. werden ebenfalls von einem Viertel der Kinder mehrmals die Woche genutzt. Spielekonsolen wie die PlayStation 1, 2, 3, 4 die Xbox 360, One oder die Nintendo Switch werden von fast 50 Prozent aller Kinder und Jugendlichen der Generation Z täglich angeschmissen. Damit ist klar, welchen Wert Spielekonsolen in der Frühjugend und Jugend haben. In der Schule gibt es vor allem ab der 5. Klasse nur wenig andere Gesprächsthemen als neu aufgestellte Highscores oder neue Spiele-Releases.

* Quelle: diepresse.com/home/techscience/games/4609966/20-Jahre-Playstation_Die-Geschichte-der-SonyKonsole

Gemeint sind die Termine, zu denen Spiele von den Herstellern auf den Markt gebracht werden. Freundschaften bestehen oft nur über das tägliche Online-Sein sowie über das Reden und Austauschen über Headset (Kopfhörer). Oft wird der Konsum von Eltern oder Experten als Problem angesehen.*

4. WIE VIEL COMPUTERKONSUM IST ERLAUBT?

Es wäre ganz cool, wenn ich sagen könnte, wie lange und wie oft man am Computer spielen darf, ohne »Folgeschäden« zu erleiden oder Gefahr zu laufen, süchtig zu werden. Aber das kann man so genau gar nicht sagen, da es viele Faktoren gibt, die man bei solch einer Aussage berücksichtigen müsste. Und die können von Kind zu Kind unterschiedlich sein. Dennoch gibt es viele Richtwerte, an denen man sich orientieren könnte, um abzuwägen, in welchem Zeitraum und unter welchen Bedingungen gespielt werden sollte. Vor allem ist wichtig, dass genügend Zeit für andere Interessen wie Sport und soziale Kontakte bleibt.

Viele Eltern sind selbst fasziniert von Konsolen. Unter dieser Voraussetzung wird oftmals nicht so stark darauf geachtet, wie lange gespielt wird. Im Gegenteil: Für junge Eltern ist der Kauf einer PlayStation für Kinder im Alter von zehn Jahren völlig normal, und ebenso normal ist es, dass dann mehrere Stunden am Tag gespielt wird. Es machen ja schließlich alle! Fragwürdig

* Quelle: www.t-online.de

ist nur, ob jeder auch die Folgeschäden bedenkt, die mit einem massiven Konsum einhergehen. In meiner Generation wird bis zu drei Stunden täglich gespielt, und dazu kommen die Wochenenden, an denen die Nacht durchgemacht wird. Viele Jugendliche schotten sich von ihrem Umfeld ab, ohne es zu merken. Dadurch kommen, wie ich es bei meinen eigenen Freunden schon erlebt habe, Depressionen zustande. Außerdem entwickelt man sich in dieser Zeit nicht viel weiter. Und das führt zu schlechten Leistungen in Schule, Sport etc.; meines Erachtens ist das ein negativer Faktor in der Entwicklung einer Persönlichkeit.

Dadurch, dass man schon eine Sucht entwickelt hat, ist man deutlich anfälliger für weitere. Ein Großteil der »Viel-Spieler« geht auch häufig zu Partys, wo dann oft auch Alkohol konsumiert wird. Denn genau das sind weitere Folgen einer Spielsucht: Alkohol- und Nikotinabhängigkeit.

Ab wann man eigentlich süchtig ist, kann man sicher nicht genau sagen. Aber wenn man merkt, dass man die Schule, den Sport, sich selbst sowie die Familie vernachlässigt, könnte das ein Hinweis sein. Übermäßiger Computerkonsum führt zu Bewegungsmangel, welcher zu Übergewicht bzw. Gewichtsproblemen führt. Daraus resultieren oft psychische Schäden, und man verliert den Kontakt zu Freunden. Des Weiteren ist man oft entweder durch fehlende Bildung oder dadurch, dass man keinen Kopf mehr für etwas anderes hat, nicht dazu in der Lage, sich zu konzentrieren. Selbstkritisch mit dem PlayStation-Spielen umzugehen, versuchen, sich auch noch auf andere Hobbys zu konzentrieren, wäre ein Anfang, der Spielsucht entgegenzuwirken. Wenn man seine Hobbys erweitert oder ein Hobby intensiver betreibt, so wird es einem auch leichter fallen, einfach mal nicht zu zocken.*

5. AUCH STARS SPIELEN GERNE

Einige Beispiele:

Vin Diesel: Der Filmstar ist nicht nur ein Gaming-Liebhaber, sondern spielt auch analog Dungeons and Dragons, und das schon sein Leben lang. Er spielt auch gerne World of Warcraft, um die Muskelberge mal ruhen zu lassen. Die Krönung ist, dass der »Fast and Furious«-Schauspieler selbst eine Gamingschmiede besitzt, welcher schon mehrere erfolgreiche Spiele entsprangen.

Moritz Bleibtreu: Der Schauspieler vertonte einen Charakter im Electronic-Arts-Spiel Battlefield 4 und versteht den Reiz am Spielen, auch wenn er es selbst nicht tut. Irgendwann wird er bestimmt auch noch tagelang vor der PlayStation sitzen.

Megan Fox: Die beliebte Schauspielerin gab in einem Interview ihren Geheimtipp für einen Traumbody preis: Wii-fit-plus auf der Nintendo Wii. Neben der Wii begeistert sie sich noch für die PlayStation und ist nach eigenen Angaben gut in Modern Combat.

* Quelle: www.t-online.de

Kim Kardashian: Sie liebt es, mit ihrem Mann in ihrer gemeinsamen Freizeit Call of Duty zu spielen. Sie liebt die Spielereihe und konnte kaum das Release (Erscheinungsdatum) von Black Ops 2 abwarten.

Lukas Podolski: Der beliebte Fußballspieler hat nie ein Geheimnis daraus gemacht, wie sehr er die PlayStation liebt. Er war sogar im Besitz der PlayStation 1. Heute spielt er natürlich am liebsten sich selbst bei FIFA.

Henry Cavill: Auch Superman zockt! Der Schaupieler ist leidenschaftlicher »World of Warcraft«-Spieler, und das zu Recht! Aber Henry Cavill wurde das fast zum Verhängnis. Beinahe hätten wir ihn als Superman nie sehen können, überhörte er doch das klingelnde Telefon, an dem Regisseur Zack Snyder ihm die Heldenrolle anbieten sollte.

Bei Nikotin und Alkohol
fühlt sich der Mensch besonders wohl.
Und doch, es macht ihn nichts so hin
wie Alkohol und Nikotin.

Eugen Roth

KAPITEL 5

NIKOTIN UND ALKOHOL – DIE ANDEREN MACHEN'S DOCH AUCH

1. GRUPPENZWANG

Einmal fand eine Hausparty bei einem Klassenkameraden namens Lino statt. Er fragte mich, ob ich dabei sein wolle, aber ich verneinte. Für mich kam es nicht in Frage, zu solchen Veranstaltungen zu gehen, da ich bis dato nur schlechte Erfahrungen damit gemacht hatte. Interesse an hochprozentigem Alkohol hatte ich jedenfalls mit 14 oder 15 Jahren nicht. Ich sah auf Snapchat und Instagram, wie die Jungs und Mädchen in dunklen Räumen mit Bierkisten bei Musik einfach rumschrien und dabei ausgefallen tanzten. Einige rauchten auch Shisha in irgendeinem Schuppen. Zu dieser Gruppe wollte ich nicht gehören, und wenn man mich fragte, gab ich das auch offen zu. Einer meiner Freunde nahm daran teil und erzählte mir dann später, was so alles abging. Der Krankenwagen kam auch irgendwann, weil ein Junge eine Alkoholvergiftung hatte. Seinen Rausch musste er dann unter Beobachtung im Krankenhaus ausschlafen. Einige der Partygänger grüßten mich auf einmal nicht mehr, denn ich gehörte nun nicht mehr dazu. Über eine Freundin erfuhr ich mit der Zeit, dass auf diesen Partys über mich gesprochen wurde. Die abfälligen Bemerkungen, Lästereien und Beschimpfungen erzählte sie mir eins zu eins. Als ich sie fragte, warum sie denn da mitmache, antwortete sie, dass es Spaß mache, Alkohol zu trinken, es sei viel lustiger und man könne so die Probleme hinter sich lassen. Sie mochte auch nicht ausge-

grenzt werden, als Spielverderber oder Außenseiter gelten. Wenn man da nicht teilnehme, dann verliere man die Freunde, die man ja schließlich schon seit dem Kindergarten kenne. Da mache man eben mit, so wie bei der Konfirmation.

Für mich war es okay, dass einige meiner Freunde auf Partys gingen, weil ich sie verstand, da es sich auch um Gruppenzwang handelte. Auch die Konfirmation hatte ich nicht mitgemacht, weil ich diese dann als Heuchelei betrachtet hätte. Ich schloss mich also selbst aus, wohl wissend, dass ich der Spielverderber sein werde. Auf Nachfrage bei meinen Mitschülern bekam ich heraus, dass diese die Konfirmation lediglich als Geldquelle verstanden. Über Social Media wurde ich als Hurensohn oder Wichser betitelt, weil ich nicht teilnahm. In meiner Freizeit ging es eher um Sport. Das Problem hier war, dass sich diese Jungsgruppen oft einfach Dinge ausdachten, die ich angeblich gesagt hätte, um einen geeigneten Grund zu haben, sich mit mir anzufeinden. Ich wurde anonym angerufen. Mir wurde unterstellt, irgendwelche Schüler, die ich aber gar nicht kannte, beleidigt zu haben. Einige dieser Jungs hatten schon Vorstrafen. Meistens ging es dabei um Drogen, wie man sich erzählte. Ich wurde oft über soziale Netzwerke bedroht und beleidigt. »Ich stech dich ab, du Hurensohn« und »Halt deine Fresse lieber, sonst schlag ich dich zusammen!« waren die Sätze, die ich zu dieser Zeit am häufigsten hörte. Also überlegte ich mir, was ich machen könnte, und ich erinnerte mich an einen Freund namens Bilal, mit dem ich eine Zeitlang Fußball spielte. Er wohnte in der Nähe meiner Schule: eine türkische Großfamilie, zwölf Personen. Seine Brüder waren überall bekannt, weil ihnen oft Kriminalität unterstellt wurde. Aber davon stimmte nichts, obwohl man nicht bestreiten konnte, dass seine Brüder schon ziemlich gefährlich aussahen. Bilal hielt sich ebenfalls oft auf solchen Partys auf und bekam dadurch auch viel von dem Geschehen um mich mit. Aber er war anders, er differenzierte, er hielt sich bei seinen Aussagen immer zurück, trank nicht so viel Alkohol und konzentrierte sich mehr als die anderen auf die Schule. An einem Tag saß er an der Shisha rauchend mit seinen Brüdern auf der Terrasse und schaute zu mir rüber. Ganz sicher konnte ich mir nicht sein, auf welcher Seite er stand. Dass es Probleme mit mir gab, davon musste er auf jeden Fall mitbekommen haben. Auf einmal rief Bilal: »Ey, Fabi!« Ich drehte mich zu ihm, er stand auf, und alle Anwesenden guckten mich an. Nun hatte ich die Chance, mich an ihn mit meinem Problem zu wenden. Es war ein Problem, denn es nervte mich, dass ich ständig angemacht und beleidigt wurde für etwas, das ich nicht verurteilte, aber für etwas, was ich nicht wollte. Man ließ mich nicht so sein, wie ich bin, bewertete meine Einstellung zur Schule und zu meinem Freizeitverhalten. Mir war es dagegen egal, ob die anderen Shisha rauchten oder Wodka tranken, aber wenn darüber innerhalb der Klasse, wie beispielsweise im Fach Werte und Normen, diskutiert wurde, hatte ich eine Meinung, die aber von der »Gegenseite« nicht akzeptiert wurde. Bilal rief: »Komm her und setz dich!«

Ich ging zu ihm und seinen Brüdern. Einer von ihnen bot mir eine Shisha an, aber ich lehnte dankend ab. Ich stand vor ihm und wartete auf eine Reaktion. Auf einmal fing Bilal an zu lachen und nahm mich in den Arm. Er stellte mich seinen Brüdern vor und sagte: »Ey Jungs, das ist mein Bruder Fabi, ich kenn den schon mein Leben lang, alles cool.« Die Atmosphäre war auf einmal ziemlich entspannt. Er sprach sofort das Thema an, welches mich schon irgendwie belastete, denn man kann auch nicht sagen, dass das so an einem vorübergeht, wenn man angefeindet wird. Es nervt, und es ist unfair. Bilal wusste also über alles Bescheid. Wir redeten eine ganze Weile, wie es überhaupt dazu kommen konnte, und er konnte das übertriebene Verhalten der Jungs genauso wenig verstehen. Auf einmal griff er zu seinem Handy. Er rief jemanden an, ich kannte die Stimme. Lukas, er schrieb mir oft über Instagram Hassnachrichten. Er war sozusagen der Kopf dieser Gruppe. Er stellte ihn zur Rede und fragte nach Gründen und genaueren Umständen. Bilals Brüder und ich hörten gebannt zu. Alle merkten, dass Lukas nicht wusste, was er sagen sollte. Er stotterte nur ins Handy: »Der ist ein Spast, der gehört abgestochen!« Da nahm ein älterer Bruder von Bilal namens Yasin das Telefon. Yasin war in der Gegend bekannt und respektiert. Er brauchte nur einen Satz: »Fasst ihr den Jungen an, komme ich persönlich zu euch!« Dann legte er auf. Ich wusste, dass Lukas das sofort an seine Freunde weitergeben würde, und war erst einmal erleichtert.

Einige Wochen später begann der Freimarkt, das traditionsreiche Bremer Volksfest. Viele Jugendliche aus meiner Schule gingen dort hin. Es gab dort regelmäßig Probleme. Deshalb blieb ich zu Hause. Abends rief mich meine Freundin Rita von dort aus an. Sie fragte mich, ob sie noch kurz zu mir kommen könnte, um mir was zu erzählen. Für mich war das selbstverständlich. Da ich sie aber nicht allein den Weg zum Bahnhof und dann zu mir nach Hause gehen lassen wollte, bot ich ihr an, sie dort abzuholen. So fuhr ich mit dem Zug nach Bremen. Als ich dort ankam, ging ich direkt zum Freimarkt, der an der Nordseite des Hauptbahnhofs begann. Rita wartete vor dem Autoscooter. Ich umarmte sie, und wir machten uns auf den Rückweg. Wir kamen an einem Platz vorbei, an der auch die Schüler meiner Schule abhingen. Als wir etwas schneller in Richtung Ausgang gingen, wurden wir abgefangen. Fünf Jungs stellten sich uns in den Weg. Hinter ihnen eine ganze Menge weiterer Jungs. Einer davon war Lukas. Alle guckten mich böse an, und ich wusste, dass das Ärger bedeutete. Rita ging auf meinen Rat ein paar Meter weiter weg, und ich versuchte, die Situation zu klären. Als ich fragte, ob ich vorbeigehen könnte, gab es nur ein kaltes »Nein«. Ein Freund von Lukas sagte, ich hätte seine Mutter beleidigt und dass er mich deswegen schlagen wolle. Ich wusste, es würde nichts bringen, meine Unschuld zu beteuern, weil er nur einen Grund für seine Aggressionen mir gegenüber suchte. Einfach irgendeinen Quatsch in den Raum stellen, eine unwahre Behauptung raushauen, das war das typische Gehabe. Ich wartete ab. Weglaufen kam für mich nicht in Frage. Sie umstellten mich, und Tom trat in die Mitte. »Los«, sagte er, »ich bringe deine Fresse zum Bluten, Wichser!« Ich stand immer noch auf demselben Fleck, sorgte aber für einen sicheren Stand. Ich schaute in die Menge. Ich sah Jungs, die ihr Butterfly-Messer schwenkten, andere guckten mich nur böse an. Ich wusste, würde ich mich wehren, würden die anderen Jungs mich angreifen, weglaufen konnte ich ohnehin nicht, da ich praktisch umzingelt war, und auf eine etwas erwachsenere Lösung waren diese Jungs nicht aus. Ich nahm meine Fäuste hoch. Aber plötzlich kam Bilal aus der Menge. Er stellte sich zwischen uns und sagte: »Ihr könnt machen, was ihr wollt, aber wenn ihr den Jungen anfasst, kommen meine Brüder zu euch nach Hause.« Er wartete kurz, und die Lage schien sich zu beruhigen. Lukas fragte Bilal vorwurfsvoll: »Was schützt du diesen Hurensohn eigentlich?«

Bilal antworte nicht, sondern ging wieder zurück in die Menge. Diese Worte hatten gesessen. Danach zischten alle Jungs wieder ab, und ich blieb starr stehen und guckte zu dem Punkt, an dem ich Bilal das letzte Mal sah. Dieser Vorfall ist ein Beispiel dafür, was passieren kann, wenn man sich nicht dem Gruppenzwang unterwirft. Diese Jungs, die mich dort umstellten, waren Gymnasiasten und Realschüler. Nicht jeder hat so einen Freund in so einer Situation, der einem helfen kann. Aus eigener Erfahrung kann ich sagen, wie schwer es ist, wenn man mit seiner Meinung als Einziger gegen eine Gruppenmeinung steht.

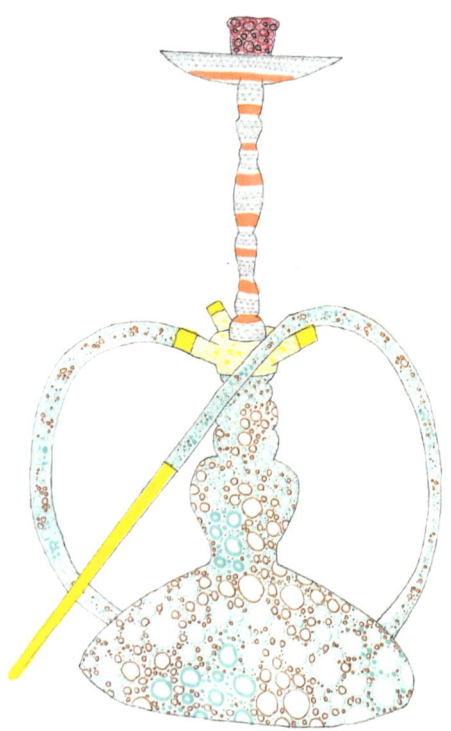

Viele fangen in der Jugendzeit an zu rauchen, weil ihre Freunde auch rauchen.

Viele Jugendliche meiner Generation rauchen immer öfter Shisha. Es ist natürlich auch eine gesellige Angelegenheit, aber sie kann auch süchtig machen. 14 % der 12- bis 17-Jährigen rauchen laut einer repräsentativen Umfrage der Bundeszentrale für gesundheitliche Aufklärung regelmäßig Shisha.[*]

2. ALKOHOL – EINE ERKLÄRUNG

Alkohol ist, wie man so schön sagt, unser Freud und Leid, sowohl ein Nervengift als auch eine Droge. Und trotzdem ist es normal für viele Jugendliche, Alkohol auch im Übermaß zu trinken. Auf Partys mit einem Freund oder nach dem Fußball. Überall gehört es in der heutigen Jugend zur Norm, diese Droge zu konsumieren. Dadurch, dass viele positive Dinge mit dem Alkoholkonsum verbunden werden, wie zum Beispiel als Belohnung nach dem Sport oder auf einer Feier nach der harten Schulwoche, spricht man nicht unbedingt von Alkohol als Droge. Da man sich mit Menschen umgibt, die ebenfalls Alkohol konsumieren, hinterfragt man die eigentliche Gefahr dahinter nicht, weil es ja »normal« zu sein scheint. Denn, wenn es so gefährlich wäre, warum kann man es dann im Supermarkt kaufen? Es kann also gar nicht so schlimm sein, denn in Maßen genossen wirkt er doch euphorisierend und schmeckt doch

* Quelle: www.drogenhilfe.com

gut. Viele genießen ihn allerdings in Massen, was dann nicht nur bei Jugendlichen zu Selbstüberschätzung, Denk- und Orientierungsstörungen führt.* Leider verursacht Alkoholkonsum jedes Jahr mehrere hunderttausend Todesfälle und ist die populärste Droge der Welt. Oft lesen wir in Zeitschriften, dass Jugendliche sich ins Koma saufen, dass immer früher mit dem Trinken angefangen wird. Aber stimmt das eigentlich wirklich? Ist die Generation Z eine Generation, die sich regelmäßig betrinkt? In meinem sozialen Umfeld habe ich schon oft mitbekommen, dass sich Schüler im Alter von 12 das erste Mal betrunken haben. Regelmäßiger wurden es dann mit 14 Jahren auf Hauspartys, Geburtstagen oder bei TV-Events. Auch Kohlfahrten im norddeutschen Raum werden in der Generation Z zu Sauforgien. Kauf und Konsum von Bier, Wein und Sekt sind ab 16 Jahren erlaubt, so die gesetzliche Regelung. Kauf und Konsum von Spirituosen sind ab 18 Jahren erlaubt. Bis 21 und in der Probezeit gilt: kein Alkohol hinter dem Steuer, und auch auf dem Fahrrad gibt es eine Promillegrenze.** Und obwohl es illegal ist, unter 16 Jahren z. B. Wodka zu trinken, schreiten Eltern und sogar oft Lehrer nicht ein. Ich habe schon einige Fälle erlebt, in denen Eltern ihren Kindern Alkohol kauften, sogar Wodka ausschenkten und dabei der Meinung waren, es wäre ja normal, in diesem Alter Alkohol zu trinken. Ob die Kinder es nun woanders machen oder im eigenen Haus, dann schon lieber Letzteres, wenn sie beispielsweise

* Quelle: drinkology.de
** Quelle: kenn-dein-limit.info

Geburtstag feiern oder beim Kohlfahrt-Vorglühen, so die Ansicht einiger Eltern. Das sind Feststellungen, die ich gemacht habe, ohne das Verhalten verurteilen zu wollen. Ich möchte schließlich auch nicht, dass ich bewertet oder gar dafür verurteilt werde, wenn ich in meinem jungen Alter noch nie Alkohol getrunken habe. Wie man so schön sagt: Leben und leben lassen! Aber über das Thema einmal zu diskutieren, ob es denn »normal« sein sollte, muss erlaubt sein.

3. WAS MIT DEINEM KÖRPER PASSIERT, WENN DU ALKOHOL TRINKST

Je mehr Alkohol du konsumierst oder je höherprozentig der Alkohol ist, desto mehr wird dein Körper zerstört. An zu viel Alkohol kann man sogar sterben – an Atem- oder Herzstillstand. Wer weniger Alkohol trinkt, bleibt länger jung, sowohl geistig als auch körperlich. Alkohol entwässert und führt damit zur schnelleren Austrocknung der Haut mit der Folge, dass die Haut schneller altert, und es kommt zu Unreinheiten der Haut. Nach einem Rausch geht es einem schlecht, viele fühlen sich dann müde und unwohl. Der Körper wurde schließlich vergiftet. Alkohol ist ein Gift, das unser Körper, der ja zudem noch im Wachstum ist, wieder abbauen muss. Auf Dauer schädigt der Alkohol unseren gesamten Organismus.* Die wenigsten der mir bekannten Jugendlichen hinterfragen ihr Trinkverhalten mal kritisch. Kinder

* Quelle: Oberbergkliniken.de, gesundheitstrends.com

sollten generell keinen Alkohol konsumieren, das hängt mit ihrem körperlichen Entwicklungsstand zusammen, der noch nicht abgeschlossen ist. Dem Gehirn wird hierbei extrem geschadet, weil der Alkohol auch in die Blutbahn gelangt. Ist der Alkohol im Hirn, werden Nervenzellen angegriffen und sterben ab. Das Gehirn funktioniert unter Alkoholeinfluss deutlich schlechter. Das wird deutlich durch übermäßige Emotionalität, Lallen und die nicht mehr vorhandene Fähigkeit, geradeaus zu gehen. Das Herz wird auch angegriffen, wenn der Alkohol in die Blutbahn gelangt. Des Weiteren wird die Leber eines jungen Menschen nicht mit Alkohol fertig.

Für Teenager mit Führerschein sollte wichtig sein, dass sie auf keinen Fall unter Alkoholeinfluss am Straßenverkehr teilnehmen. Denn der Alkohol wirkt erst entspannend und belebend, aber man neigt schnell zu Aktionen, die man eigentlich nicht machen würde. Man möchte so schnell wie möglich fahren, driften und überholen. Man fühlt sich auch oft betäubt und ist nicht mehr Herr seiner Sinne. Damit gefährdet man nicht nur sich selbst, sondern auch alle anderen Verkehrsteilnehmer. Wissenschaftler stellten in einer Beobachtungsstudie fest, dass schon kleine Mengen Alkohol zumindest nicht gesund für Herz und Kreislauf sind. Das bedeutet, dass auch wenig Alkohol schaden kann. Nervenzellen bauen sich also ab, und Forscher warnen sogar: Alkohol soll das Gehirn auch noch nach Wochen zerfressen.[*]

[*] Quellen: welt.de, focus.de

4. STARS UND DROGEN*

In unserer Medienwelt sehen wir unsere Stars oft als perfekt an, und so werden sie auch dargestellt. Das perfekte Aussehen, der perfekte Charakter und der perfekte Lifestyle werden oft suggeriert. Manchmal kommen aber auch die anderen Seiten der Stars und Sternchen ans Licht, und nicht selten dreht sich alles um Alkohol. Auch Drogenexzesse und Gewaltaktionen bleiben der Öffentlichkeit nicht verborgen.

Ben Affleck: Schon in jungen Jahren war der Batman-Darsteller alkoholabhängig und konnte sich ein Leben ohne den Alkohol nicht mehr vorstellen. Zwei Therapien halfen nur zeitweise.

Charlie Sheen: Der Schauspieler hätte laut eigener Aussage schon an seiner Drogensucht sterben müssen. Er meint, er habe Tigerblut und sei kein Idiot, der sterblich sei.

Drew Barrymore: Die Schauspielerin aus E.T. war schon mit neun Jahren in Nachtclubs und konsumierte dort vor allem Alkohol. Das mündete in eine Drogenabhängigkeit, welche sie zu mehreren Entzugstherapien zwang.

Robert Downey Junior: Der Iron Man wurde nicht nur in Verbindung mit Alkohol gebracht, sondern war auch schon im Gefängnis.

* Quellen: alk-info.com, vip.de, welt.de, maz-online.de, bunte.de, desired.de

Kate Moss: Das Model wurde mit Kokain in Verbindung gebracht, was mehrere ihrer Werbeverträge platzen ließ. Ihr Drogenkonsum kostete sie fast die Karriere.

5. GEN Z UND DAS KULTURGUT ALKOHOL – WER NICHT TRINKT, GEHÖRT NICHT DAZU

Die Jugendlichen jeder Generation haben Alkohol getrunken, mal mehr, mal weniger und einige sicher auch gar nicht. So ist auch meine Generation dem Alkohol nicht abgeneigt, zumindest die meisten von uns haben schon Alkohol konsumiert. Eigentlich müsste man meinen, dass die Jugendlichen meiner Generation ausreichend durch Schule, Medien und Eltern sensibilisiert wurden. Ohne die Moralkeule zu schwingen, kenne ich kaum jemanden, der die Auswirkungen von Alkohol reflektiert oder sich darüber im Klaren ist, was dieser eigentlich mit dem Körper macht. Das Alkoholtrinken ist nicht nur beliebt und »cool« unter Jugendlichen, sondern komplett »normal«. In meinem Umfeld kam es schon oft zu Alkoholvergiftungen, und alle haben nur darüber gelacht, weil niemand die Gefahr im Alkohol wahrhaben will. Jugendliche orientieren sich daran, was andere Gleichaltrige tun. Sie möchten in ihrer sozialen Gruppe anerkannt und akzeptiert werden. Dass sich viele Jugendliche, wie ich beim Googeln zu diesem Thema feststellte, durch den Konsum von Alkohol der elterlichen Kontrolle entziehen und so Erwachsensein und Unabhängigkeit demonstrieren, kann ich nicht bestätigen. Einige Eltern, die ich befragt habe, sind der

Meinung, dass es im Jugendalter »normal« sei, Alkohol zu trinken, und sie schenken sogar ihren Kindern Hochprozentiges ohne Skrupel aus. Die Hauspartys finden schließlich auch unter Einverständnis der Eltern statt, und da viele Eltern ein freundschaftliches Verhältnis zu ihren »Schützlingen« pflegen, sind sie entweder bei den Partys zugegen oder kaufen die alkoholischen Getränke und liefern sie noch an. Sie haben dann auch nichts dagegen, wenn während der Partys auf Snapchat der Moment geteilt wird, in der die Wodka-Flasche auf dem Wohnzimmertisch im Hause steht und ihre Mädchen sich leicht bekleidet in den Armen irgendwelcher Jungs, die die Zunge rausstrecken und dabei schielen, fotografieren lassen.

Mit dem eigenen Freundeskreis möchte man intensive Momente erleben und Spaß haben. Alkohol macht es einem natürlich leichter, die eigenen und vorgegebenen Grenzen zu ignorieren. Den Reiz zum Verbotenen spüren wir alle, und da Alkohol eben für junge Jugendliche verboten ist, kann man nachvollziehen, warum er so beliebt ist. Da Alkohol vor allem auf Partys konsumiert wird, wird seine Wirkung oft für Annäherungsversuche genutzt. Hier greift auch die Alkoholwerbung. In Werbespots für verschiedene Zigaretten- und Alkoholmarken sieht man Partys, auf denen junge, gutaussehende Leute Spaß haben und sich näher kommen. Vor allem in der Pubertät hat man einen besonders starken Drang zu Kontakt mit dem anderen Geschlecht. Und hier scheint Alkohol zu funktionieren, verspricht die Werbung. Besonders schwer ist es, auf dem Land als junger Mensch ohne Alkohol aufzuwachsen, denn man macht sich in dem Moment freiwillig zum Outsider, wenn man nach dem Fußballspiel das Bier-plus-süße-Scheiße-Getränk nicht mittrinken möchte. Es kommt dann zu Diskussionen, die einfach nur nervig sind. Man soll sich rechtfertigen, warum man lieber Wasser trinkt. Irgendwann spielt man dann eben nicht mehr Fußball, weil der Alkoholverzicht nach dem Sport dazu führt, dass man während des Trainings nicht mehr angespielt wird, hat man doch gegen ungeschriebene Dorfgesetze verstoßen. Ich bin der Meinung, es wäre fairer, wenn es genauso akzeptiert wäre, nichts zu trinken, und dass das jugendliche Dasein ohne Alkohol wirklich nicht »sinnlos« ist.

Bitch, bring Softpacks oder Shisha

Chille mit ner Messe-Hostess von der IFA

Blonde Bitch – Marilyn Monroe

In der Penthouse-Suite, dicka – King-Kong-Flow

Ich liebe Gianni Versace, no homo

Grey Goose im Soho, Medusa-Logo

Ficke diese Menschheit wie George Bush

Hoes machen »psst!« wie mein Dior-Duft

Ah, nie wieder Arbeit, dikka, du hast Bartneid

Bettelst aber dennoch um ein Foto für ein paar Likes

So clean, wenn ich rapp

Hoes hängen mir am Arsch wie das Balmain-Jeans-Etikett

[Hook: Bushido] (x2)

Hautcreme, Haarwachs, Nikotin, Alkohol

Nikotin, Alkohol, Nikotin, Alkohol

Hautcreme, Haarwachs, Nikotin, Alkohol

Alle Kids überall gehen raus, Album holen*

* Quelle: Titel Nikotin & Alkohol (feat. Bushido) Album Fuck bitches get money, Bonussong der Deluxeversion, labels: Sony Music, ersguterjunge, AMF Management

Frühere Generationen haben ihr Leben den Medien angepasst – meine Generation erwartet, dass sich die Medien ihnen anpassen.

Philipp Riederle, digitaler Aufklärer,
Autor und Unternehmensberater

KAPITEL 6

SOCIAL MEDIA UNTER DER LUPE

1.

WhatsApp und Snapchat sind bei uns Jugendlichen sehr beliebt. Wir leben in einer vernetzten Welt. Die Beliebtheit von Netflix steigt extrem. Im Durchschnitt bekomme ich ca. 40 Nachrichten am Tag über WhatsApp, Facebook dagegen benutze ich gar nicht, und von meinen Mitschülern und Freunden findet sich kaum noch jemand, der Facebook regelmäßig nutzt.

Der Grundstein für die heutigen Trends mit Social Media wurden in den späten 1980er Jahren gelegt. Man konnte erstmals Daten und Informationen vermitteln. Das sah dann ähnlich aus wie bei uns WhatsApp. Dann wurde das Usenet entwickelt. Man konnte dort diskutieren und sich austauschen. Was für uns heute völlig normal ist, war damals unglaublich. Man war jedoch anonym, weil man kein privates Profil erstellen konnte.

Einige Jahre später, Anfang der Neunziger, gab es Compuserve, Prodigy und AOL. Jetzt konnte man persönliche Profile erstellen. Außerdem konnte man Veranstaltungstermine sprich Partys etc. öffentlich machen, und man generierte erstmals Reichweite über das Internet. Das sind alles Funktionen, die wir aus Instagram, Snapchat und Co. wiedererkennen sollten. Mitte der Neunziger wurde es dann noch persönlicher. Man konnte nun eigene Freundeslisten erstellen auf Plattformen wie sixdegrees.com. Schritt für Schritt näherte man sich also an die heutige beinahe finale Form der sozialen Netzwerke an. Das Problem war nur, dass im Gegensatz zur heutigen Zeit wenige Leute eine Internetverbindung besaßen. Aber das änderte sich nach der Jahrtausendwende. Ein großer Teil des privaten Lebens und soziale Interaktionen verlagerten sich ins Internet. Es wurden Netzwerke wie Myspace gegründet, die einige Personen der Generation Z noch heute kennen sollten. 2004 wurde Facebook veröffentlicht. Das Internet funktionierte damals noch ganz anders als heute.* Erst war es nur zugänglich für Studenten der Eliteuniversität Harvard, dann für einen Großteil amerikanischer High-School-Schüler, bis es dann auch außerhalb der Staaten Anklang fand. Ein paar Jahre später kam das erste iPhone heraus. Und da immer mehr Menschen nun ein Smartphone, Tablet oder Ähnliches besaßen, konnten mehr Menschen von sozialen Netzwerken Gebrauch machen. Myspace hatte übrigens im Jahr 2006 über 100 Millionen Nutzer. Es war das erste soziale Netzwerk

* Quelle: focus.de

dieser Größenordnung und schaffte es, das Thema einer breiten Masse zu vermitteln.

Im November 2005 wurde in Deutschland ein soziales Netzwerk namens studiVZ gegründet. Hierzulande fand es eine unglaublich große User-Gruppe. In anderen Ländern scheiterte es und wurde eingestellt. Die Seite findet man heute noch im Internet.

Als Facebook zu immer größerer Beliebheit aufstieg, begann eine Art Wettbieten von Firmen wie Yahoo, Google und Microsoft, um Anteile zu bekommen. Yahoo wollte es sogar komplett übernehmen und war bereit, über eine Milliarde Dollar zu bezahlen, was aber abgelehnt wurde. Microsoft gelang es, einen Anteil von 1,6 Prozent zu ergattern. Sie bezahlten dafür 260 Millionen US-Dollar.

Im August 2008 hatte Facebook bereits 100 Millionen Nutzer, und um 2012 herum lag die Zahl bei einer Milliarde. Nun war Facebook das größte soziale Netzwerk der Welt.

Am 28. Juni 2011 brachte Google sein Antwort Google Plus auf den Markt. Es sollte Facebook Konkurrenz machen und ist auch sehr erfolgreich, aber an die Nutzerzahlen von Facebook kommt es lange nicht ran.

2.

Dass nicht nur Positives von sozialen Netzwerken kommt, wissen wir alle, und jeder hat auch schon mal seine ganz eigenen negativen Erfahrungen gemacht. Im folgenden Text möchte ich einige Beispiele erläutern.

Woran wir alle zuerst denken, ist, dass unsere persönlichen Daten, welche wir bei der Registrierung angeben müssen, ausgewertet und veröffentlicht werden – oder einfacher: Sie sind nicht mehr persönlich. Faktisch können soziale Netzwerke diese Daten auswerten und Werbung, von der wir sowieso genervt sind, gezielter anpassen und schalten. Als Folge eignet sich Social Media auch zu Propagandazwecken.

Seit der Einführung der ersten sozialen Netzwerke werden Daten systematisch ausgewertet, vor allem zu kommerziellen Zwecken. Die heute präsenten Social-Media-Kanäle wie Instagram und Snapchat verlangen jedoch eine deutlich umfassendere Datenangabe, was das Auswerten der Daten nicht gerade erschwert.

An Beispielen wie dem tragischen Tod des Rappers Xxxtentacion konnten wir sehen, dass Daten und Handlungen, die in sozialen Netzwerken vorgenommen wurden, für polizeiliche Ermittlungen in Betracht gezogen werden. Über eine Million studiVZ-Profile wurden ausgewertet. Oft wird auch einfach nur das Offensichtliche angeschaut, wie Like-Zahlen, Kommentare oder Ähnliches. Das machen sich Journalisten oder Nachrichtensender zu Nutze.

3.

Weil soziale Netzwerke mit der Beliebtheit von Facebook, Instagram oder Snapchat noch etwas Neues sind und viele neue Möglichkeiten bieten, betrachtet man eigentlich nur die positiven Aspekte. Nun fängt man aber an, sich damit zu beschäftigen, ob sie noch andere Auswirkungen auf das Verhalten oder Ähnliches haben, die uns noch nicht bekannt sind. Langzeitstudien sind aufgrund der Neuheit natürlich noch nicht bekannt. Dennoch wissen wir, dass das häufige Nutzen von Social Media zu einer Erhöhung des Selbstbewusstseins führen kann, auch dadurch, dass man viele Likes auf Bilder bekommt. Oder dass man man mehr Abonnenten hat als sein Umfeld. Aber auch genau das Gegenteil kann der Fall sein. Wenn man eben nicht die gewünsche Zahl an Likes und Abonnenten erzielt. Dann kann das zu einer Verminderung des Selbstbewusstseins führen oder in schlimmsten Fällen sogar zu einem Identitätsverlust. Denn oft profilieren sich Jugendliche fast ausschließlich über ihr Instagram-Konto. Stellt man sich besonders gut dar und hat ansprechende Fotos von sich zu präsentieren, wirkt man auch in der Realität selbstbewusster und einzigartig, weil man genau weiß, wer von den Mitschülern sich das neueste Bild angesehen oder es geliked hat.

4.

Es gibt eine Risikostudie der WHO (Weltgesundheitsorganisation), die nach Untersuchungen an 6000 Hirntumorpatienten weltweit einen Zusammenhang zwischen den Erkrankungen und der Handynutzung sieht. Weltweit wird laut Aussage des Hirnspezialisten Prof. Khurana ein enormer Anstieg der Anzahl von Hirntumor-Patienten registriert. Er hat daher eindringlich auf die erheblichen Risiken aufgrund von Strahlungen durch Mobilfunkgeräte hingewiesen. Neue Expertenstudien schätzen die Handys gefährlicher als Rauchen und Asbestbelastung ein. Das russische Komitee zum Schutz vor nichtionisierender Strahlung prognostizierte für Kinder in naher Zukunft: Gedächnisstörungen, ADHS, Schlafstörungen, Reizbarkeit und Epilepsie-Risiko aufgrund der elektromagnetischen Felder. Laut einer Studie der San Diego State University, in der von 1991 bis 2017 1,1 Millionen Teilnehmer eingeschlossen waren, konnte eine dramatische Zunahme der Fälle von Burnout, Depressionen, Schlaf- und Konzentrationsstörungen, Haltungsschäden mit Muskelverspannungen und psychisches Unwohlsein ermittelt werden. Es gab auch einen Appell der Ärzte an die Bundesregierung (April 2017), dass diese keine weiteren intelligenten elektrischen Systeme ohne Erkenntnisse über die genaue Gefährdung von Menschen erlauben sollte.[*]

---

[*] Quelle: Auswirkungenvon Handy, WLAN ... auf Kopf/Körper,
Dr. med. Petersohn

5.

Im Jahr 2003 wurde das soziale Netzwerk Secondlife gegründet. In diesem kann sich ein Nutzer ein Avatar erstellen und mit anderen Nutzern so interagieren, wie er es im echten Leben tun würde. Dieses Netzwerk geriet vor allem in Deutschland in die Kritik, da sich Nutzer immer mehr in dieser virtuellen Welt verloren und soziale Kontake oder Verpflichtungen wie Schule oder Arbeit schleifen ließen. Des Weiteren war alles kostenpflichtig. Das Spiel ist insofern gefährlich, als dass es den Reiz weckt, einfach aus dem Alltag zu flüchten und in der virtuellen Welt eine zweite Wunschidentität aufzubauen. Und in der befindet man sich lieber als in der realen Welt.

Trotz eines immer größeren Hypes um soziale Netzwerke steigt in den letzten Jahren die Zahl der Menschen, die aus Social Media aussteigen. Das liegt mit großer Wahrscheinlichkeit vor allem an der Angst, dass private Daten veröffentlicht werden könnten. Viele wissen aber auch, dass sie abhängig werden können, und um dieser Sucht vorzubeugen, verzichten sie.

6. SHITSTORMS – DAS MODERNE MOBBING

Das Wort Shitstorm setzt sich aus den englischen Worten shit (Scheiße) und storm (Sturm) zusammen. Ein Shitstorm bezeichnet ein Ereignis, bei dem ein Vielzahl an Personen ihre negative Meinung zu einem bestimmten Thema äußert, und das meistens über Social Media und in einer regelrechten Welle. Ein Shitstorm wird oft ziemlich schnell populär. Der Duden bezeichnet ihn als »Sturm der Entrüstung in einem Kommunikationsmedium des Internets, der zum Teil mit beleidigenden Äußerungen einhergeht«, was im Englischen als *firestorm* bezeichnet wird. Der Begriff *Shitstorm* bezieht sich vor allem auf »Blogbeiträge oder -kommentare, Twitternachrichten oder Facebook-Meldungen«.

Aber eigentlich kann von negativen Meinungsäußerungen keine Rede sein, da man eher aggressiv handelt und schnell beleidigend wird. Oft werden auch Drohungen ausgesprochen.

Fast schon geschichtsträchtig ist der Nestlé-Shitstorm. Der Veranlasser war Greenpeace. Der Grund dafür war, dass eine unnötige Menge an Palmöl in Kitkats verwendet wird. Als Folge würden Orang-Utans ihres Lebensraums beraubt, und diese wären nun gefährdet. Über soziale Netzwerke verbreitete man Beweismaterial für die These, und Nestlé wurde in ein schlechtes Licht gerückt. Die Firma reagierte und löschte alle Fanseiten mit Videos oder Statements. Jedoch wurde der Shitstorm nur noch größer, weil das Thema dadurch noch poulärer wurde.

Ähnliches wiederfuhr der Deutschen Bahn. Im Herbst 2010 verkaufte diese ein Ticket, mit dem man durch ganz Europa reisen konnte – auch via Facebook. Verärgerte Besucher der Seiten interessierte weniger das Ticket. Sie wollten vielmehr ihrem Ärger über Verspätungen oder defekte Technik Luft machen. Da auf sozialen Netzwerken natürlich keine Gesprächskultur herrscht, kam man zu keiner Lösung des Problems.

Ein weiteres Beispiel bietet ING-DiBa. In Deutschland kennen wir alle die Werbung dieser Firma, in der Basketballer Dirk Nowitzki uns jedes Mal aufs Neue zum Schmunzeln bringt. In einer seiner Werbungen aß er eine Wurst in einem Fleischladen. Viele Vegetarier zeigten auf der offiziellen Facebookseite der ING-DiBa ihren Ärger, weil Fleisch durch diese Werbung zu positiv dargestellt würde, und sie zählten aggressiv die Nachteile von Fleischkonsum auf. Kunden hielten jedoch dagegen und solidarisierten sich mit der Bank und shitstormten die eigentlichen Verursacher des Shitstorms.

Natürlich sind auch immer wieder Promis betroffen. Schauspielerin Jessica Alba besitzt das Unternehmen »Honest Company«. Dieses vertreibt Produkte für Mütter und Kinder. Wie es üblich ist bei Stars mit großer Reichweite auf sozialen Netzwerken machte sie Werbung für ihr Unternehmen auf ihrer Facebook-Seite. Leider waren einige Kunden mit der Qualität der Produkte nicht zufrieden und warfen einer Sonnencreme der Marke vor, nicht vor Sonne zu schützen. Sie luden Bilder von ihren Sonnenbränden hoch und warfen Jessica Alba Geldgeilheit vor.

Die Sängerin und »The Voice«-Jurymitglied Lena Meyer-Landrut sorgte vor allem auf Instagram des Öfteren für Shitstorms. Der Grund war immer derselbe: Sie sei zu dünn geworden und zeige sich zu freizügig.

Kim Kardashian darf nicht fehlen. Der Reality-Star hat schon für viele Shitstorms gesorgt, unter anderem auch wegen eines Sex Tapes. Sie veröffentlichte auf Instagram jedoch auch mehrere Nackt-Selfies, was ihren Fans und einigen Prominenten nicht positiv aufstieß.

Sie warfen ihr vor, sie würde ein schlechtes Vorbild sein und der Jugend ein falsches Bild von Schönheit vermitteln. Da Kim Kardashian sowieso unter jedem Bild mehrere tausend Kommentare lesen darf, hatte sie hier wohl einiges zu verkraften.

Das ehemalige Boxenluder Katie Price stellte Ende 2015 ein Bild online, auf welchem sie mit ihrer Tochter zu sehen war. Das Auffällige war ihre aufgestylte Tochter voller Schminke und cool posierend.

Der Weltstar Beyoncé Knowles veröffentlichte 2014 ein Bild auf Instagram, auf dem sie sich wohl etwas schlanker geschummelt hatte. Die sonst so tadellose Sängerin mit Superimage schoss sich damit einen Riesenbock bei ihren Fans.

Die Schauspielerin Gwyneth Paltrow, die wir alle durch die »Iron Man«-Trilogie und die Avengers-Filme kennen, wollte beweisen, dass auch weniger gutsituierte Familien eine Chance auf gute Ernährung haben. Sie wollte einen Wocheneinkauf für 29 Euro tätigen. Das Bild davon postete sie auf Instagram. Aber statt eines Wocheneinkaufs kam eher eine Tagesration heraus.

7. DER ZWANGHAFTE SCHÖNHEITSWAHN

Schönheitshandeln, insbesondere über die sozialen Medien, bedeutet, sich sozial zu positionieren.

Sarah, eine Frau Mitte zwanzig, fuhr jeden Tag mit demselben Bus, welcher mich zur Schule brachte. Sie arbeitete dort, wo ich zur Schule ging. Auf Instagram kannte man sie in der Umgebung. Zwölftausend Abonnenten, 120 Bilder und Professionalität waren damals eine echte Ansage. Man konnte ihren Lifestyle mitverfolgen, was sie aß, wo sie sich aufhielt, und das alles war beeindruckend. Jeden Tag sah ich sie ein paar Plätze weiter sitzen. Perfekt gestylte lange blonde Haare, etwas overdressed mit High Heels und Jumpsuit, riesige Ohrringe und die ganze Zeit am Handy. Aber das ist ja eigentlich sowieso jeder. Ihren Freund kannte man auch: ein sehr guter Fußballspieler bei einer Mannschaft der vierten Liga. Er war ebenfalls auf Instagram vertreten, und das noch selbstdarstellerischer als seine Freundin. In der Schule und generell im Ort redete man, wenn es um Aussehen ging, ausschließlich über Sarah. Viele Mädchen versuchten ihre Bilder nachzumachen und sich in den perfekten Körper zu retuschieren. Sie war wie ein Star in unserer kleinen Stadt. Bei vielen kam sie einfach gut an, andere sahen sie als hirnlose Barbiepuppe an. Nachdem ich sie etwa zwei Jahre nahezu jeden Tag in meinem Bus sah, war sie auf einmal wie verschwunden. Weder im Bus noch auf Instagram war sie zu finden. Ständig hatte sie ihren Instagram-Account wie ein Baby gepflegt, bis eines Tages die Updates ausblieben. Auch Wochen später war sie nicht mehr zu sehen. Aber nach kurzer Verwunderung war das wieder vergessen. Auch in der Schule war es nach ein paar Tagen kein Thema mehr, dass sie nichts Neues postete. Man hatte längst die nächste Schönheit ausgemacht, der man nun nacheifern, der man folgen würde. Ein paar Monate später ging ich nach der sechsten Stunde in der Mittagspause wie fast immer mit meinem besten Freund zu einer Baguetterie. In der Innenstadt sah ich sie, kaum wiederzuerkennen saß sie schwanger an eine Hauswand gelehnt, mit Chipstüte und Cola in der Hand, dreckiger Jogginganzug und schlecht gefärbte Haare. Sie drehte sich um, und es war Sarah. Sie sah, dass einige Schüler, die auf dem Weg zu irgendeinem Restaurant oder Imbiss waren, sie abwertend anguckten. Sie senkte ihren Blick wieder und schien unglücklich zu sein. Zum Sich-Stylen hatte sie offensichtlich keine Kraft mehr. Auch das anfängliche Hypen um eine Person, die dann plötzlich wieder fallengelassen wird, hinterlässt Narben auf dessen Seele.

Auf Instagram bekam man dann jedoch mit, dass sie nicht mehr mit ihrem Freund zusammen war. Die auf eine Beziehung deutenden Hinweise waren verschwunden. Der Instagram-Account des Freundes wurde aber fast täglich upgedated. Bilder aus dem Fitnessstudio mit neuer Freundin waren eigentlich am häufigsten zu sehen. Schönheit instrumentell zu nutzen ist heutzutage unerlässlich, denn für Models, Schauspieler, Promis, aber auch Politiker ist das Aussehen, ihr Erscheinungsbild von zentraler Bedeutung. Wer sich schön macht, steigert oft seine Erfolgsaussichten.

In einer Welt, in der der Körper immer mehr zum Kapital werden kann und Social Media fast so wichtig wird wie das reale Leben, ist ein gewisser Wunsch nach Schönheit verständlich. Man kann in gewissen Kontakt mit seinen Stars treten, die meist durch retuschierte Bilder das Schönheitsideal der breiten Masse formen. Zwölfjährige Mädchen fangen an, sich extrem zu schminken, und Jungs beginnen viel zu früh mit dem Training. Auch Bulimie ist ein wichtiges Thema der Generation Z, da man unbedingt aussehen will wie Bella Hadid oder Kendall Jenner und durch Schundblätter deren angebliche Essgewohnheiten zum Vorbild werden. Nur noch 12 Prozent der Frauen sollen laut Umfragen mit ihrem Körper zufrieden sein. Man möchte aussehen wie die TV-Stars, die immer top gestylt zu sehen sind. Sie sehen nahezu perfekt aus durch gut geschulte Make-up-Artists und ein perfekt ausgeleuchtetes Studio. Wenn man feststellt, dass man nicht diesen Vorbildern das Wasser reichen kann, schädigt das bei vielen Frauen das Selbstbewusstsein, und sie halten sich trotz

Normalgewicht für übergewichtig. Dass man nicht perfekt ist, möchte man nicht hören und nicht wissen, denn das Unperfekte hat in der Welt der Generation Z keinen Platz. In dieser interessiert sich die breite Masse ausschließlich für die Menschen der Superlative und nicht für den Durchschnitt. In den Schulen fängt das schon damit an, dass die beliebtesten Schüler meist die sind mit den meisten Instagram-Abonnenten oder die, die am besten aussehen. Für den Rest interessiert sich kaum jemand. Wenn man nicht das richtige Aussehen hat, ist man ein geeignetes Mobbingziel in der Generation Z. Auch aus Angst davor versucht man den Ansprüchen seines Umfelds gerecht zu werden. Schafft man das nicht, weil man von der Natur nicht die richtige Kieferpartie oder Beinlänge geschenkt bekommen hat, ist Selbsthass oft die Folge. Man kauft Unmengen von Kosmetikprodukten, Diätpillen und Ähnliches, die oft gar nichts bringen. Der letzte Ausweg scheint dann für die meisten Leute der Weg zum Schönheitsdoc zu sein, um sich die die richtige Nase verpassen zu lassen. Durch TV-Sendungen, die solche Ärzte als etwas Normales darstellen, und weil man überall liest, wie viele Schönheits-OPs die Stars gemacht haben, wird man zusätzlich zu einem Eingriff gedrängt. Die beliebtesten Operationen oder Eingriffe bei Frauen sind: Lippenkorrektur mit Hyaluronsäure, Brustvergrößerung, Oberlidstrafung, Nasenkorrektur und Fettabsaugung. Bei Männern ist es fast dasselbe: eine vergrößerte Brust, Fettabsaugung und Nasenkorrektur.

»Ich will so aussehen wie die Frau auf der Womens Health!« hört man oft. Wie so ein Foto entsteht, wissen die meisten gar nicht. Erst mal verbringt das Fotomodell bis zu drei Stunden in der Maske. Danach werden Probeaufnahmen gemacht in einem perfekt ausgeleuchteten Studio – Fältchen sind keine zu sehen. Wenn dann noch etwas nicht sitzt, wird nachgebessert. Ist das Foto geschossen und hat es Potenzial, wird am Laptop perfektioniert. Die Lippen voller, die Nase dünner und die Frau schlanker. Das fertige Foto zeigt die vermeintlich perfekte Frau. Einfach nur ein Fake …

Die Geschichte unserer Kultur ist heute mehr denn je von jenen erfüllt, die sich in der Vorzeit Moloch oder Nero nannten und die unablässig Opfer forderten. Ihre Namen sind längst unserer Zeit angepasst. Heute nennen wir sie Mobbing, Selbstherrlichkeit, Verachtung und Lieblosigkeit.

P. Schumacher (1941 bis 2013), Publizist

KAPITEL 7
MOBBING – IN DER SCHULE UND BEI INSTAGRAM

1.

Das Thema Mobbing gehört in einem Buch über die heutige Jugend unbedingt dazu.

Es geht immer um ein dauerhaftes Ärgern, um Drangsalieren, um Angreifen, kurz gesagt: um Machtgewinnung. Ich meine nicht die normalen Konflikte, Streitereien und gelegentlichen Ausgrenzungen. Was ich meine, erfolgt verbal oder körperlich, insbesondere durch soziale Isolierungen. Opfer wird derjenige oder diejenige, der/die sich von der Mehrheit der Gruppe unterscheidet. Kleidung gehört zu den häufigen Ursachen für Mobbingverhalten in meiner Generation. Wenn man neu in eine Klasse kommt, die materielle und familiäre Situation der Familie, andere Nationalitäten und Aussehen, das sind schon Gründe für dauerhafte Anfeindungen und Ausgrenzungen.

Was ich immer wieder festgestellt habe, ist, dass die Mädchen in der Schule alles eher hinter dem Rücken machen. Die Jungs gehen dagegen sehr offensiv damit um.

Das Problem dabei ist sicherlich, dass die Mobbingopfer sich ihren Eltern oft nicht anvertrauen und erst recht nicht den Lehrern, weil sie ansonsten wiederum als Petzer gelten und dann noch extremer niedergemacht werden. Ich habe mitbekommen, dass einer meiner Klassenkameraden aufgrund seines Aussehens und sicherlich, weil er eher ein schmächtiger Junge war, immer wieder ausgegrenzt wurde. Der Leistungsabfall in der Schule hat im Grunde weder seine Eltern noch die Lehrer zum Nachdenken bewegt.

In der siebten Klasse machten wir eine Klassenfahrt, und schnell hatten sich die einzelnen Gruppen gefunden, die zusammen ein Zimmer belegen wollten. Für meine Freunde aus der Klasse und mich war es natürlich auch selbstverständlich, dass wir zusammen ein Zimmer belegen wollten. Den über Monate ausgegrenzten Klassenkameraden wollte keiner freiwillig mit ins Zimmer aufnehmen. Ich fand es unfair, dass der Junge von niemandem die Chance bekam, sich um ein gemeinsames Zimmer zu bemühen. Im Grunde wollte auch ich nicht unbedingt mit ihm in ein Zimmer, aber ich versuchte mich in seine Lage zu versetzen. Er war dankbar, als ich ihn ansprach und ihm anbot, mit in mein Zimmer zu gehen. Die vier anderen, mit denen ich eigentlich das Zimmer beziehen wollte, waren entsetzt und fanden meinen Vorschlag gar nicht gut. Trotzdem wurde er umgesetzt. Während der Klassenfahrt musste ich feststellen, dass auch ich ausgegrenzt wurde. Man wollte auf einmal keinen Freund mehr, der sich von der »coolen« Gruppe distanzierte, sich dem ausgegrenzten Mitschüler anschloss und sich damit nicht dem Gruppenzwang beugte.

2.

Hier ein aktuelles Beispiel zum Thema Mobbing aus eigener Erfahrung: Gerade hatte ich die Inhalte meines Buches zusammengestellt, um es dem Lektorat zu übergeben, da gab es schon negative Kommentare auf der Instagram-Seite meines Verlages von zweien meiner Mitschüler, die davon gehört hatten, dass ich derzeit an einem Buch über Jugend schreibe. Ihre Anmerkungen waren unter anderem, dass sie das Buch niemals kaufen würden. Wow, was für soziale Jungs, dachte ich. Es waren zufällig auch genau die Jungs, die nicht akzeptieren wollten, dass ich nicht zu deren Freundeskreis gehören wollte und auf keine Hausparty Wert legte. Darüber lästerten sie auch öffentlich über Instagram schon seit mehreren Monaten. Diesen kurzen Sachverhalt sehe ich schon als einen Versuch des Mobbings an, weil sich beide doch tatsächlich auf einer Unternehmensseite negativ über mich und Inhalte meines Buches geäußert hatten, ohne auch nur eine Zeile meines Manuskriptes gelesen zu haben. Hätte mich dieses, wie sicherlich viele andere Jugendliche an meiner Stelle, betroffen gemacht, hätte es durchaus dazu führen können, dieses Projekt abzubrechen. Es ist nicht immer leicht, in solchen Augenblicken die Selbstbeherrschung zu bewahren. Ich habe ganz schnell Erklärungen gefunden, was die Ursache solcher Kommentare sein könnte, indem ich mich in die Täterdenke reinbegab: Neid, Missgunst und Machtgehabe, jemanden finden, auf dem man rumhacken kann. Sie fühlten sich vor den Kopf gestoßen, weil ich an deren Alkoholpartys nicht teilnehmen wollte. Ich schrieb in meiner Freizeit, das gehörte in deren Augen nicht zu einem spaßigen Jugendleben. Wobei meine Freizeit-Freunde mein Schreiben akzeptierten. In der Schule trauen sie sich jedenfalls nicht, mir solche negativen Kommentare direkt ins Gesicht zu sagen. Dagegen posteten viele Mädchen etwas Postives, wie »Daumen hoch« oder »Respekt«.

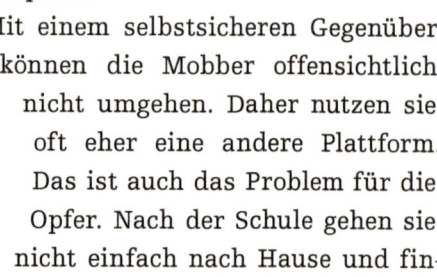 Mit einem selbstsicheren Gegenüber können die Mobber offensichtlich nicht umgehen. Daher nutzen sie oft eher eine andere Plattform. Das ist auch das Problem für die Opfer. Nach der Schule gehen sie nicht einfach nach Hause und finden Abstand. Dann geht es weiter über Social Media. Auf Instagram werden die Kommentare immer drastischer und härter, weil man schließlich nicht die unmittelbare Reaktion des Adressaten mitbekommt. Wer ein gesundes Selbstbewusstsein hat, der kontert schlagfertig. Dadurch kann das Opfer erneut Selbstwertgefühl gewinnen. Das ist aber in einer anfangs emotionalen Situation nicht einfach. Und man gibt dem Täter das Gefühl, er sei wichtig, denn man beschäftigt sich mit ihm. Egal, wie man sich gibt; haben die Mobber einen auf dem Schirm, machen sie weiter.

Du kannst nett sein, mitmachen, dein Aussehen ändern. Haben sie dich ausgewählt, lassen sie nicht von dir ab. Hat sich Mobbing erst einmal etabliert, dann ist es zumindest sehr schwer, einen Ansatz für Interventionen zu finden. Für den Mutterkonzern Facebook soll zwar das Mobbing auf Instagram ein großes Problem darstellen, so dass verkündet wurde, ein Tool solle Mobbing-Botschaften herausfiltern. Aber was ist mit versteckten Botschaften? Bleibt zu hoffen, dass diese sogenannte künstliche Intelligenz irgendwann gut funktioniert.

3.

Jeder kann tun und lassen, was er oder sie will. Es ist unser Grundrecht mit dem weitesten Schutzbereich. Jeder hat das Recht auf freie Entfaltung der Persönlichkeit, solange nicht die verfassungsmäßige Ordnung verletzt wird. Täglich bekommt man über die sozialen Medien und in der Schule mit, wie andere aufgrund ihrer Meinungen, ihres Aussehens oder ihrer eigenen individuellen Bekleidung schikaniert und ausgegrenzt werden. Wenn diese Schikanen allerdings von Lehrerinnen oder Lehrern ausgehen, so ist das schon sehr irritierend. Eine Lehrerin antwortete mir beispielsweise vor der gesamten Klasse, als ich ihr eine schöne Ferienzeit und ein frohes Weihnachtsfest wünschte, dass Sie mir keine schöne Ferienzeit wünsche und sogar froh sei, mich erst einmal nicht mehr sehen zu müssen. Und es handelte sich dabei keineswegs um einen Witz oder Zynismus! Sie gab an, es gebe sicherlich genug Gründe, warum ein bestimmter Schüler aus der Klasse, den sie sehr mochte, mich wiederum nicht mögen würde. Sie wusste natürlich nicht, dass genau dieser Schüler in den Pausen zu mir Kontakt suchte und wir uns bestens verstanden. Im Grunde suchte diese Lehrerin fast in jeder Stunde irgendetwas, um mich schlecht dastehen zu lassen. Wenn ich mich für andere Schüler einsetzte, wie beispielsweise für ein Flüchtlingskind, das gerade neu zu uns in die Klasse kam, und den Vorschlag machte, dieser Junge könne doch gleich auch die Klassenfahrt mitmachen, äußerte eine andere Lehrerin, dieses sei wohl eine schlechte Idee. Es sei ihr selbst zu anstrengend, da man ja nie wisse, wie so ein Flüchtlingskind ticke. Der Junge könnte vielleicht in einer Stresssituation aus dem Fenster springen. Dann wäre er tot, und wir hätten deutlich keinen Spaß mehr. Ein anderer Schüler wurde von einer Lehrerin im Rahmen des Unterrichts vor der Klasse in Frage gestellt, weil er angeblich keine Freunde hätte. In der Klasse finden sich immer Freunde, war ihre Meinung. Es sollte doch kein Schüler dafür fertiggemacht werden, wenn er vielleicht in der Klasse selbst keine Freunde finde, aber vielleicht in seiner Nachbarschaft oder innerhalb der Vereine, in denen er seinen Hobbys nachgehe, Freundschaften habe. Und wenn ihm die Familie genügt? So what? Den Lehrern obliegen Schutz- und Fürsorgepflichten gegenüber den Schülern und Schülerinnen. Wenn man auf ein solches Verhalten hin den nicht kritikfähigen Lehrern kontert, so hat man anschließend mit Ausgrenzungen und Unfreundlichkeiten zu rechnen. Man macht sich natürlich bei den Lehrern unbeliebt.

Als einige Jungs aus der Schule erfuhren, dass mein Buch über Jugend demnächst veröffentlicht wird, wurde ich als Wichser beschimpft und ausgebuht. Viele aus der Schule hatten mir gepostet, dass sie das genial finden und sich auf jeden Fall ein Exemplar kaufen werden. Aber es gab eben auch die Kritiker, die dann, zumeist in einer größeren Gruppe, herausposaunen mussten, wie scheiße sie so etwas fanden. Ein Lehrer hat dies mitbekommen und im Beisein dieser Mobber hinterfragt, warum ich überhaupt ein Buch schreibe, was ich eigentlich für Werte hätte, weil ich ja sicher damit Geld verdienen würde. Man solle sich nicht auf das Anhäufen von Gütern fixieren. Damit hat er einfach etwas in den Raum gestellt und es so stehen lassen. Dass ich vielleicht andere Wertevorstellungen als andere haben könnte, wollte er mit mir nicht diskutieren und hätte es auch nicht geglaubt. Mir sind jedenfalls immaterielle Werte persönlich wichtiger, meine eigenen Aspekte der Lebensqualität. Für mich war es in meiner Freizeit spaßiger und entspannender, an einem Buch zu schreiben, während andere es in dieser Zeit wichtiger fanden, mit Freunden in einem Club abzuhängen. Beides sollte doch okay sein und nicht negativ bewertet oder gar verurteilt werden. Da sind wir wieder bei der freien Entfaltung der Persönlichkeit und bei einem Schubladendenken. Der Lehrer hat gegen die Buh-Rufe und Beleidigungen nichts unternommen. Im Gegenteil. Er hat dieses Verhalten geduldet und dem Mobbing damit Vorschub geleistet. Das ist schon krass! Er hat damit ganz klar seine Aufsichtspflicht verletzt. Mit seinen Mobbingattacken verletzte er also seine Dienstpflichten, was er doch eigentlich wissen müsste. Diese Lehrer könnten natürlich jetzt disziplinar- und strafrechtlich belangt werden. Beleidigungen und Verleumdungen sind vom Gesetzgeber her unter Strafe gestellt. Das Problem ist nur, dass der Lehrer dann nicht unbedingt die Schule verlassen muss, sondern bleibt. In diesem Wissen tritt man eben nicht an die Schulleitung heran oder stellt eine Anzeige oder Dienstaufsichtsbeschwerde. In solchen Fällen kann ich aber immer nur empfehlen, erst gar nicht zu einem Mobbingopfer zu werden, indem man immer wieder argumentativ dagegenhält und sich eben nicht klein machen lässt. Einfach darüberstehen, wobei mir bewusst ist, dass es für einige eben nicht einfach ist. Kommunikation ist aus meiner Sicht der beste Ratgeber, wenn es um die Lehrerschaft geht. Irgendwann nervt es nämlich auch die Lehrer, wenn sie sich vor dem Schulleiter, Eltern und vielleicht sogar im Beisein des gemobbten Schülers erklären müssen. Schwierig wird es natürlich, in solchen Situationen gelassen zu bleiben und sachlich zu argumentieren. Da passiert es schon mal schnell, dass man emotionaler reagiert, und schon findet das Gegenüber wieder einen Nebenkriegsschauplatz. Ich habe immer mit Erfolg entgegen den einschlägigen, auch im Internet zu findenden Ratschlägen im Falle von Mobbing meine eigene Strategie verfolgt und so einigen meiner Mitschüler und Mitschülerinnen auch Hilfestellung gegeben oder als Sprachrohr für diese agiert. Nur in einem Fall haben meine Eltern mit dem Vater eines Mobbers gesprochen. Nach dem zweiten Anruf haben mich sein Sohn und dessen Freunde in Ruhe gelassen. Es geht zwar unterschwellig weiter, indem der

Mobber dann spätestens im Sportunterricht beispielsweise seinen Ellenbogen während eines Ballspiels seinem »Opfer« ordentlich in die Rippen stößt oder während des Biologieunterrichts beim Mikroskopieren mit voller Wucht auf den Hinterkopf schlägt. Aber das ist ein Vorgehen, das man nur schwer beweisen kann. Der Mobber behauptet dann einfach, er habe doch nur Spaß machen wollen, entschuldigt sich dann offiziell vor dem Lehrer und der Klasse, aber in Wirklichkeit war das eine vorsätzliche Körperverletzung. Die Zeugen geben dann auch ungern Auskunft, da sie sich nicht positionieren wollen, um nicht Gefahr zu laufen, anschließend Stress zu bekommen.

Eine Klassenkameradin war korpulent und wurde daher gemieden. In den Pausen fiel mir auf, dass sie übermäßig viel aß, und es handelte sich dabei keineswegs um gesunde Nahrung. Über mehrere Monate konnte man sie in den Pausen grundsätzlich nur allein antreffen, sie zog sich meistens in eine Ecke zurück und »fraß« sozusagen ihr mitgebrachtes Essen, zum Teil Tortenstücke und Sandwiches, mit hoher Geschwindigkeit in sich hinein. Irgendwann kam ich mal mit ihr nach der Schule ins Gespräch. Ich fragte sie, was eigentlich mit ihr los sei. Sie erzählte mir ihr Problem. Es war ein familiäres. Ich konnte hier auch nicht so richtig helfen, aber wir sprachen darüber, ob sie nicht eine Therapie machen wolle. Das Problem war ein weit zurückliegendes, welches sie seelisch offensichtlich nicht verarbeiten konnte. Und das alleinige Zuhören tat ihr augenscheinlich auch richtig gut. Bis dato hatte jedenfalls kein Lehrer mit dem Mädchen Kontakt aufgenommen, obwohl mehrere Lehrer während der Pausenaufsicht das Mädchen gesehen haben mussten. Auch reagierten die Lehrer nicht, wenn die Klassenkameraden sie aufgrund ihres Aussehens niedermachten. Das wiederholte und regelmäßige seelische Schikanieren bekommen die Lehrer in jedem Fall sehr häufig mit und unternehmen einfach nichts oder machen sogar noch mit. Hier besteht meines Erachtens ganz dringend Handlungsbedarf schon während des Studiums, wo die angehenden Lehrer zum Themenfeld sensibilisiert werden sollten, um wiederum aktiv in der Praxis darauf zuzugehen. Lehrer müssen aus meiner Sicht Mobbing sehen und erkennen. Das ist natürlich unbequem, wenn man direkt auch mal den einen oder anderen Schüler ansprechen muss, um an seine Informationen zu gelangen. Aber Wegschauen geht gar nicht, will man Pädagoge sein! Einige Lehrer spielen das Thema einfach nur runter.

Es gibt z.B. eine Lehrerin in meiner Schule, die der Meinung ist, dass die Täter durchaus immer einen »Grund« haben, so zu handeln, wie sie es tun. Bei ihr wird das Opfer also zum Täter gemacht. Da gab es Anrufe bei den Eltern eines Mobbingopfers, diese sollten doch versuchen, ihren Sohn wieder in die richtige Bahn zu lenken, denn er sei in der Klasse bei den anderen Jungs unbeliebt. Keiner möge ihn, und dafür gebe es schließlich einen Grund, denn die anderen würden sich so toll verstehen.

Einige Schulen arbeiten mit dem sogenannten NBA-Ansatz. NBA steht für No Blame Approach, was so viel bedeutet wie der Verzicht auf eine Schuldzuweisung, der Blick richtet sich darauf, konkrete Ideen zu entwickeln, die eine bessere Situation für den von Mobbing betroffenen Schüler herbeiführen.* Es wird gesagt, was man von den Schülern erwartet, und man beschränkt sich nicht darauf, zu sanktionieren, was man nicht möchte. Die Vergangenheit bleibt einfach so stehen, und es geht dabei um eine Änderung in der Zukunft. Einige Schulen arbeiten damit, und die Lehrerschaft berichtet, die Handlungsschritte seien so klar definiert, dass es ihnen das Vorgehen leicht mache. Es sei ein voller Erfolg. Erst einmal finde ich es gut, dass es Schulen gibt, die sich überhaupt so intensiv diesem Themenfeld widmen. Beim NBA-Ansatz ist es so, dass das Wort »Täter« umdefiniert wird in »Experten«. Man verspricht sich dadurch eine positive Verhaltensänderung der Täter, da die Lehrer ein positives prosoziales Selbstbild der Täter unterstützen. Das kann ja an bestimmten Schulen gut funktionieren. An meiner Schule sind die Täter aber sozial kompetent und verstehen es gut, subtil zu manipulieren. Ihr Mobbingverhalten wird nur in den seltensten Fällen entdeckt. Das Opfer wird beim NBA aus meiner Sicht negativ sanktioniert. Es muss sich erst einmal outen, so nach dem Motto: Ich brauche Hilfe! Ich fühle mich unwohl in der Klassengemeinschaft! Ihm wird dann eine Unterstützungsgruppe zur Seite gestellt. Damit wird das Opfer doch den Tätern nur wieder ausgeliefert. Klare Ansagen an die Täter, ihnen Paroli zu bieten, fände ich allerdings zielführender, denn aus meiner eigenen Erfahrung kann ich sagen, dass es funktioniert. Denn um Mobbing beurteilen zu können, muss vom Täter aus

* Quelle: no-blame-approach.de

gedacht werden. Es liegen Studien vor, welche belegen, dass nicht das Opfer als Person oder seine Eigenschaften, sondern allein seine relative Position in der Klasse ursächlich für die Opferrolle ist. Nimmt man also ein Kind zu dessen Schutz aus der Klasse, so sucht sich die Klasse dann relativ schnell das nächste Opfer.[*]

4.

Mobbing ist im Alltag bei Schülern ein Thema, das zeigen nicht nur meine Beispiele. Wie die Welt im Juni 2019 in einem Artikel berichtete, üben kanadische Wissenschaftler in einer Studie Kritik am aus dem Sportunterricht bekannten Spiel Völkerball. Es sei gleichzusetzen mit legalisiertem Mobbing. Stärkere Schüler würden das Spiel nutzen, um schwächere Klassenkameraden zu demütigen. Auch in Deutschland kennt man natürlich Völkerball. Schon meine Eltern haben es gespielt. Es werden zwei Mannschaften gebildet, die jeweils aus der einen Hälfte des Spielfelds heraus versuchen, mit einem Ball die Spieler des gegnerischen Teams in der anderen Hälfte abzuwerfen. Wenn das gelingt, scheidet der getroffene Spieler aus. Hat ein Team keine Spieler mehr zur Verfügung, hat die andere Mannschaft gewonnen. Diese Spielidee wurde über Interviews mit 12 bis 15 Jahre alten Kindern diskutiert. Eine Professorin will erkannt haben, dass die Kinder zwar auf spielerische

[*] Quelle: repost-psychologie.de, Prof. Dr. Mechthild Schäfer, yaez.de/schule/
mobbing-hilfe-muss-aus-dem-system-selbst-kommen

Weise für die Gesellschaft und die echte Welt geformt werden sollen. Doch ihrer Meinung nach geht es nur darum, dass stärkere Schüler die Bälle dazu nutzen, schwächere Klassenkameraden zu demütigen. Sie glaubt, die Botschaft des Spiels ist, dass es in Ordnung ist, andere zu verletzen. Das sagte sie der Washington Post. Weiter heißt es in dem Artikel, dass der Sportunterricht ein Ort sein soll, an dem Lehrer den Schülern dabei helfen, ihre Aggressionen zu kontrollieren, anstatt sie auszuleben. Und genau das ist beim Völkerball nicht der Fall. Auch ich sehe es so wie die Forscher, die meinen, dass man über Spiele im Sportunterricht die stilleren und schwächeren Schüler zu mehr Selbstvertrauen führen sollte. Sie sollten Lust am Sport haben, und das haben sie nicht, wenn sie gedemütigt werden.

Wer Arbeit kennt und sich
nicht drückt, der ist verrückt.

Deutsches Sprichwort

KAPITEL 8

ARBEITEN – WAS IST DAS?

1.

Einer aktuellen Studie zufolge sprechen sich neben meiner Generation Z auch die Generation Y, die zwischen
1981 und 1995 Geborenen, gegen das Arbeiten aus. Ihr
Tenor ist: viel bekommen, dafür aber wenig leisten zu
müssen. Die Selbstverwirklichung fängt bei der direkt
vor uns liegenden Generation erst nach der Arbeit an.
Von Loyalität halten meine Generation und die Generation Y nicht viel. Work-Life-Balance ist für uns sehr
wichtig, und wir sind eher bereit, den Job hinzuschmei-
ßen, wenn wir feststellen, dass unsere Arbeit wenig
sinnhaft ist.

2.

Die Arbeitswelt ist im Moment noch in den Händen der
Generationen X und Y. Auch diese beiden Generationen
unterscheiden sich maßgeblich voneinander. Und das
hat damals den Arbeitsmarkt verändert. Vielleicht ist
ein Lehrer schon Mitte 60, oder man schaut auf den ei-

genen Opa: Man merkt, dass diese Altersgruppe sehr auf Disziplin, Höflichkeit und Arbeitseifer gepolt ist. Die Generation der Eltern dürfte eher am eigenen Fortschritt interessiert sein, leichter soziale Kontakte knüpfen können und schon einigermaßen technikaffin sein. Das hat natürlich in der damaligen Arbeitswelt für einen gewaltigen Umbruch gesorgt, und Arbeitgeber mussten das Arbeitsumfeld anpassen. Aber nun sind wir eine Generation weiter, und die Generation Z fängt an, in die Arbeitswelt einzutauchen.

Die Generation Z hat nun vor allem aufgrund der Tatsache, dass wir in der Welt des Internets groß geworden sind, wiederum andere Interessen. Wir sind es gewohnt, den ganzen Tag vernetzt zu sein. Soziale Kontakte sind immer noch wichtig, jedoch teilweise ersetzbar durch soziale Netzwerke. Die persönliche Interaktion mit Kollegen am Arbeitsplatz ist nicht mehr notwendig, denn die Generation Z ist gerne und viel allein, obwohl sie nicht dazu fähig ist, sich mit sich selbst zu beschäftigen, wie auch die Generation X immer wieder betont. Die reale und die virtuelle Welt verschmelzen zu einer. Das sorgt womöglich für ein angenehmes Arbeitsklima, da niemand die Interaktion sucht. Auch hat die Generation Z eine unglaubliche Affinität zur Technik. Das ist der Grund, warum viele Firmen jetzt modernisieren und nun alles digital geregelt wird. Das Verhältnis von Chef und Angestelltem wird nicht mehr normal sein, da Respekt und Gehorsam von der Generation Z nicht als sinnvoll angesehen werden. Lieber möchte man das machen, was man will, und sich frei entfalten können. Auch Disziplin kennt die Generation Z nur teilweise. Lehrer dieser Generation waren sowieso nicht mehr allzu streng und ließen vieles durchgehen. Und schulische Leistungen lassen sich durch schnelles Googeln leicht manipulieren.

3. ERWARTUNGEN DER GENERATION Z AN DEN ARBEITSALLTAG

Heftig fallen die Forschungsergebnisse der Fern-Universität Hagen aus, wonach meine Generation als arbeitsscheu gilt. Meine Generation soll von unrealistischen Vorstellungen geprägt sein? Laut dem Zukunftsinstitut Frankfurt sollen wir hingegen hochgebildet sein, ruhiger und selbstbewusster, weil wir im Wohlstand aufgewachsen seien. Durch eine höhere Sicherheit würden wir den Kopf frei haben und uns für gesellschaftliche Fragen einsetzen.* Das kann ich auch nur so bestätigen. Meine Erfahrung ist, dass wir wirklich zu mehr politischem Engagement finden als noch die Generation Y. So streiken wir freitags friedlich für mehr Klimaschutz und stellen Forderungen an die Politik, auch wenn diese ambitioniert sind.

Über das Gehalt macht sich die Generation Z in der Wahl ihres Berufs nur wenig Gedanken. Es geht vielmehr darum, was einem Spaß macht. Außerdem möchte die Generation Problemen aus dem Weg gehen und ein

* Quelle: zeitjung.de

möglichst angenehmes Klima haben. Die Arbeitszeiten sind auch sehr wichtig. Viele Menschen dieser Generation sind bis zu fünf Stunden täglich auf sozialen Netzwerken. Das ist ein gravierender Unterschied zu jeder Generation davor. Denn vorher gab es kein Interesse, das jeden Tag fünf Stunden aktiver Teilnahme verlangte. Das heißt, die Generation wünscht sich möglichst kurze Arbeitszeiten, um viel Freizeit zu haben. Auch eine Hierarchie am Arbeitsplatz ist nicht erwünscht. Man möchte mit dem Chef ein freundschaftliches Verhältnis aufbauen und ihm sogar über Snapchat Bilder schicken können oder ihn auf Instagram markieren.

4. HERAUSFORDERUNG: NEUE STRATEGIEN IM PERSONALBEREICH ERFORDERLICH

Oft wird der Generation Z fehlende Arbeitseinstellung und zu wenig Loyalität der Firma gegenüber vorgeworfen. Das liegt daran, dass jegliche Motivationgrundlage in den meisten Firmen nicht gegeben ist. Man muss die Generation Z als Arbeitgeber wie ein kleines Kind bespaßen. Interessante Projekte, eine Vielzahl an Verwirklichungen von eigenen Ideen müsste man umsetzen können. Auch die Mitarbeiter müssten eher als Freunde angesehen werden, mit denen man auch privat zu tun hat. Leistungsorientierte Vergütung, flexible und kurze Arbeitszeiten und eine gesunde Work-Life-Balance müssten gegeben sein, um eine akzeptable Arbeitsgrundlage zu schaffen.

5. MASSNAHMEN ZUR ANSPRACHE DER GENERATION Z

Man versucht immer mehr, neue Maßnahmen zu entwickeln, um die Generation Z für einzelne Berufsgruppen zu interessieren. Man vermutete, dass sich die Generation zu wenig für Jobausschreibungen interessiert und gar nicht weiß, wo man so was findet oder wie man sich bewirbt. Die Zler brauchtet wahrscheinlich eine Art Tinder App, die für sie den passenden Job auswählt und den Steckbrief sendet. Viele Schritte der Arbeitgeber gehen hier schon in die richtige Richtung. Man versucht über Instagram, WhatsApp und Co. zu kontaktieren. Mit einer einfachen Nachricht kann man dann sein Interesse vermitteln. Auch Interviews via Facetime und Skype sind keine Seltenheiten. Zudem wird oft mit Werbespots für die Firmen geworben, in denen man interessante Experimente durchführt und attraktive Versprechungen macht.

6. WERTE DER GENERATION Z

Die meisten von uns äußern den Wunsch nach freier Entfaltung und wollen dennoch unbefristete Verträge. Die wenigsten von uns identifizieren sich mit bekannten Managern wie Martin Winterkorn, Tim Cook oder Bill Gates.

Wir haben den großen Wunsch nach Flexibilität und Wechselbereitschaft in der Arbeitswelt. Schlagworte wie Work-Life-Balance oder Familienfreundlichkeit finden immer weniger Gehör, da sie von vielen Arbeitgebern meist nur versprochen, jedoch nicht eingehalten werden, obwohl genau das für uns sehr wichtig ist. Führungsverantwortung wird zunehmend unattraktiver; Freizeit spielt eine viel größere Rolle. Die Arbeitgebermarke gewinnt für uns immer mehr an Bedeutung, da erlerntes Verhalten (Bewertungen im Internet, Tests, Vergleiche, Rankings) immer wichtiger werden. Die Digitalisierung gehört zwingend in den Berufsalltag – Social-Media-Verbot in der Ausbildung? Ein No-Go!

Arbeitsmarktforscher stellen das Konzept der festen Arbeitsplatzzuweisung vermehrt in Frage; Home-Office und Office-Sharing sind keine Modetrends.

Ein Unternehmen wünscht sich in der Regel einen Angestellten, der sich nach vorgegebenen Regeln entwickelt, aber die Generation Z spielt da nicht mit.

7. POTENZIAL NUTZEN

Die Zler sind Arbeitstiere, was das Finden von Informationen im Internet angeht. Sie wissen um ihre Begabung und fordern deshalb auch diese besonderen Arbeitsumstände. Im Internet orientieren sie sich um das Zehnfache schneller als die Xler. Dies ist attraktiv für Firmen, die sich das Potenzial zu Nutze machen wollen. Denn dadurch, dass die Generation Z viel tiefer in das Internet einzutauchen weiß, kann diese mehr Informationen schneller liefern und ist präziser als die Generation X. Wir erkennen Fake News und seriöse sowohl wie unseriöse Seiten. Wir gehen nicht auf Werbung oder sonstiges ein. Wir sind, ohne dass dies überheblich klingen soll, in dieser Hinsicht in allen Belangen der Generation Y voraus, und in einer Welt, die immer mehr auf das Internet fokussiert ist, ist das sehr wichtig.

8.

Jeden Tag dasselbe: Bus fahren ohne jegliche Interaktionen. Alle gucken nur auf ihre Handys, und ich war nicht anders. Der Bus war mit ca. 50 Schülern gefüllt und trotzdem fast lautlos. Entweder waren alle am Musikhören, oder sie guckten sich auf Instagram neue Beiträge an. In der Hinsicht unterschieden sich die Kinder aus der 5. und die Jugendlichen aus der 12. Klasse rein gar nicht. Sie waren genauso leise und genauso in ihr Handy vertieft. Nach der etwa 30-minütigen Fahrt gingen alle in Richtung Schule (Gymnasium und Realschule). Viele blieben am Buswendeplatz unter einem kleinen Häuschen stehen, um vor dem Unterricht noch mal zu rauchen. Andere gingen noch mal zum Supermarkt, um sich einen Energydrink für den Unterricht zu holen. Das hatte zur Folge, dass sich die Hälfte der Klasse jeden Tag um mehrere Minuten verspätete. Die Lehrer waren natürlich außer sich. Nach einiger Zeit ließen sie sich etwas einfallen. Sie schlossen die Türen bei Stundenbeginn ab, die Schüler, die pünktlich waren, konnten also am Unterricht teilnehmen. Diejenigen, die das, aus welchen Gründen auch immer, nicht schafften, mussten vor der Tür bis zur Pause warten. Die Schüler freuten sich eher über diese Maßnahmen und kamen meist gar nicht. Aber nach Telefonanrufen bei den Eltern gingen sie regelmäßig in den Unterricht. Nur wurde es insgesamt nicht besser. Handys unter Tischen, laute Gespräche und abfällige Bemerkungen den Lehrern gegenüber zählen wohl in jeder Schule Deutschlands zur Normalität. Bis zu einem Tag, als der Lehrer, Herr Warlsdorf, die Unterrichtsthemen beiseitelegte und uns fragte, was wir eigentlich mal werden wollten. Viele riefen in den Raum: Hartzer. Alle lachten daraufhin, und andere sagten E-Sportler (ein Beruf, in welchem man mit dem Spielen von Computerspielen Geld verdient). Ein paar Mädchen riefen rein: Influencerin oder Model. Herr Warlsdorf guckte etwas verdutzt. Ich glaube, er hatte etwas anderes erwartet. Er kam aus der Generation X und war deshalb etwas »old school«. Womöglich dachte er eher an etwas wie Arzt, Polizist, Handwerker oder Rechtsanwalt. Er fragte einen Schüler, der »Hartzer« gerufen hatte, warum das sein Wunsch wäre. Der antwortete, dass es ja geil sei, den ganzen Tag nichts zu tun, nur zu zocken und die Wohnung auch noch bezahlt zu bekommen. Er fragte einen der Jungs, die E-Sportler sagten, warum das sein Wunsch sei. Dieser antwortete, dass man mit dem Spielen von Videospielen Millionen machen kann. Entweder professionell oder man lädt es auf YouTube hoch. Der Lehrer fragte, wie er darauf kommen würde, dass das möglich sei. Der Junge antwortete, dass der Lehrer einfach mal googeln könnte. An der elektrischen Tafel, die in so gut wie jedem Raum der Schule hängt, gab er E-Sportler-Gehalt ein. Nach der Recherche fand er tatsächlich E-Sportler, die auf Turnieren mehrere Millionen Euro machten. Einer der Schüler sagte: »Gehen sie mal auf Instagram, und suchen Sie Apored.« Als der Lehrer dann sah, was für ein Lebensstandard You-Tuber wie dieser haben, machte er große Augen. Ich erklärte ihm, dass es jetzt ganz neue Möglichkeiten gäbe, Geld zu verdienen: Videos, die man von sich mit meist simplem Inhalt hochlädt, sehen sich oft mehrere hunderttausend oder mehrere Millionen Menschen an, und das wird entsprechend bezahlt. Ich machte an der Tafel ein Video von Montana Black an, in dem er über sein Gehalt sprach. Herr Warlsdorf konnte es gar nicht fassen, dass da jemand in seiner Wohnung saß, der den ganzen Tag vor dem Computer hockt und Spiele spielt und damit hohe Summen kassiert. Aber Montana Black war kein Einzelfall. Über Instagram und YouTube verdienen in Deutschland sehr viele junge Menschen ihr Geld, das auch zum Leben reicht.

Die junge Generation sollte ungeniert den Alten von Liebe vorschwärmen, denn sie erinnern sich gern und wissen wirklich, was Liebe ist, so oder so.

Raymond Walden (geb. 1945),
Kosmopolit, Pazifist und Autor

KAPITEL 9

LIEBE UND BEZIEHUNGEN

1.

Früher entstanden Beziehungen ausschließlich über aktive Interaktionen mit dem anderen Geschlecht. Man musste sich trauen, eine Person anzusprechen, da man keine andere Möglichkeit hatte, mit dieser in Kontakt zu treten. Das ist heute anders. Die ersten Annäherungsversuche sind ein Like oder ein Kommentar via Instagram oder Facebook. Danach fängt man an zu schreiben, die Hemmschwelle ist im Internet nämlich deutlich niedriger als im realen Leben. Oft werden Beziehungen schon geschlossen, wenn man den anderen nicht einmal gesehen oder mit ihm/ihr gesprochen hat. Über WhatsApp schreibt man dann »ich liebe und vermisse dich«. Im realen Leben hat man aber eher weniger miteinander zu tun oder zeigt seine Gefühle nicht so offen. Eine Beziehung kann aber auch einfach durch eine Nachricht oder ein Update des Beziehungsstatus enden. So erfahren Freunde oft eher davon als der eigentliche Partner. So etwas hat dann oft Shitstorms zur Folge. Denn das Schlussmachen über soziale Netzwerke ist auch in der Generation Z verpönt. »Wie ehrenlos, über WhatsApp Schluss zu machen«, empören sich die Jugendlichen, wenn so ein Thema aufkommt.

2.GENERATION PORNO

Sexualität ist ein sensibles Thema in der Generation Z. Vielen ist es unangenehm, darüber zu sprechen oder zu lesen. Und das hat auch seinen Grund. Diese Generation, die allgemein als beziehungsunfähig gilt, wird praktisch mit dem Handy in der Hand geboren. Man baut sich seine eigene Welt im Internet und in sozialen Netzwerken auf und macht dort Erfahrungen mit dem Thema. Diese Welt gilt für viele auch als Rückzugsort, und man hat lieber dort seine eigenen sozialen Kontakte, da man sich scheut, Interaktionen mit anderen Personen zu haben.

Im Internet findet man alles. Ob man einen prominenten Namen eingibt oder aus Versehen ein falsches Schlagwort tippt, man wird im World Wide Web mit Sexualität bombardiert. Laut Umfragen haben fast 100 Prozent der Jugendlichen schon einmal einen Porno gesehen. Aufklärung ist für diese Generation kein Thema mehr, da wir jegliche Einzelheiten schon aus dem Internet kennen. Ob durch echte Pornos oder dank YouTubern, die offen über ihr Sexleben reden – womöglich wissen viele 13-Jährige schon mehr als ihre Eltern über Sex. Die sexuelle Betätigung steigt, der eigentlich Geschlechtsverkehr wird hingegen nicht mehr so oft praktiziert. So ist zumindest der Eindruck. Das liegt daran, dass die Generation Z Pornos liebt, und dies mehr als den Geschlechtsverkehr mit dem eigenen Partner oder mit der eigenen Partnerin. Immer mehr Männer wollen in der heutigen Zeit nicht mehr mit ihren Partnerinnen schlafen. Der Grund ist die sexuelle Selbstbetätigung, die oft mehrmals am Tag stattfindet – nicht nur bei Jugendlichen. Auf sozialen Netzwerken sieht man so viel nackte Haut, dass manch einer gar nicht anders kann. Oft sind Netzwerke wie Instagram und Co. auch vergleichbar mit Pornoseiten. Frauen in Dessous und Hündchenstellung am Strand liegend sind nicht selten zu sehen. Auch Nackbilder, sogenannte Nudes, findet man. Auf privaten Snapchat-Accounts werden oft Videos von Selbstbefriedigung hochgeladen, die ein Interessent sich gegen Geld ansehen kann. Solche Videos können natürlich abgefilmt und kostenlos veröffentlicht werden. Wo macht man so was? Natürlich auf sozialen Netzwerken. Bei echten sexuellen Kontakten der Generation Z ist fast immer eine Menge Alkohol im Spiel. Die Hemmschwelle, dieses Thema betreffend, ist niedriger als bei jeder anderen Generation zuvor.

> Familie ist und bleibt der Ort, wo Menschen
> in ganz besonderer Weise mit ihren Eigenheiten,
> Stärken und Schwächen angenommen werden.
>
> Hannelore Rönsch, deutsche Politikerin

KAPITEL 10

FREUNDE UND FAMILIE

1. FREUNDE UND BEKANNTE, GIBT ES DAS NOCH?

In der Generation Z könnte man denken, dass das Handy das Einzige ist, was dem Leben einen Sinn verleiht. Aber Zeit für Freunde hat man trotzdem noch, da die Generation nach Anerkennung strebt. Man versucht die meisten Likes, Follower oder Friends auf sozialen Netzwerken zu generieren. An diesen Zahlen wird die Beliebtheit einer Person festgemacht. Eine Freundschaft kann über Social Media entstehen oder durch Online-Spiele wie FIFA oder Call of Duty. Vertieft werden kann sie dadurch, dass man sich gegenseitig Bilder schickt und über Snapchat Flammen aufbaut. Privaten Kontakt gibt es natürlich auch. Bei den Jungs hauptsächlich, um gemeinsam vor der PlayStation zu sitzen oder in Gruppen trinken zu gehen. Oftmals macht man auch gemeinsam Sport, geht ins Fitnessstudio oder zum Fußball. Ganz enge Freundschaften finden sich aber deutlich seltener in der Generation Z als in allen vorherigen. Das liegt an ihrer Schnelllebigkeit. Gerüchte werden schneller und leichter verbreitet. Man legt mehr Wert auf andere Dinge als auf Freundschaft, denn die Generation Z ist durchaus egoistisch oder besser gesagt: Es sind verwöhnte Individualisten.

2.

Bei der Frage der Beziehung der Gen Z zu ihren Eltern gibt es unterschiedliche Ansichten. Die einen sagen, sie ständen ihnen näher aufgrund teilweise gleicher Interessen. Andere sagen, sie seien ihnen ferner als je zuvor durch internetbedingte Abgrenzung. Meine Ansicht tendiert eher zu Ersterem. Viele Eltern sind sogar mit ihren Kindern auf Facebook »befreundet«. Auch ist das Verhältnis oft ein eher freundschaftliches. Das liegt daran, dass viele Eltern ebenfalls Social Media benutzen, dieselben Fernseh-Shows gucken und sogar oft dieselbe Musik hören. Mein Vater hört mit mir zum Beispiel im Auto in voller Lautstärke Rap.

Auch enge Freunde sind der Generation Z wichtig. Ehrlichkeit und Loyalität sind die Werte, die für unsere Generation von Bedeutung sind. In der Einstellung zum sozialen Umfeld könnte man uns schon fast als spießig bezeichnen. Per Smartphone sind die Freunde stets dabei, ob auf Reisen, in der Schule oder zu Hause. Sogar beim Shoppen werden mir Fotos der Kleidungsstücke per WhatsApp geschickt, um bei mir modeaffinem Typen nachzufragen, ob die Freunde das kaufen oder es lieber bleiben lassen sollten. Mit einem unmittelbaren Feedback ist zu rechnen. Eine Just-in-time-Antwort ist für die Gen Z'ler kein Problem und macht Spaß. Wir sind ja schließlich ständig online!

NACHWORT

Festzustellen ist, dass jede Generation sich von der anderen bewusst oder unbewusst abgrenzen will. Dadurch kommt es zum Generationenkonflikt. Festhalten möchte ich noch, dass es in jeder Generation immer auch viele Individuen gibt und ich mit den Merkmalen nicht verallgemeinern wollte.

Es war die 5. Schulstunde an einem Freitag. Lateinunterricht, an dem sich keiner wirklich beteiligte. Ich saß in der ersten Reihe, machte meine Aufgaben und dachte über meine Ziele und Wünsche für die Zukunft nach. Ich dachte an meine Stars, an Fler, Shindy und einige Schauspieler. Wie hatten sie es geschafft, da zu sein, wo sie jetzt sind? Es gibt genügend Beispiele von Menschen aus Amerika zu lesen, die heute tolle Berufe haben, die die Schule geschmissen haben, die obdachlos waren, die wirklich keinen guten Start ins Erwachsenenleben hatten und es trotzdem zu etwas gebracht haben. Bei den Amerikanern gibt es die Redewendung: »Pull yourself up by your bootstraps!«, die so viel bedeutet wie sich an den eigenen Stiefelriemen aus dem Sumpf zu ziehen.

Frau Lattermann sagte, dass wir die Stifte beiseitelegen sollten. Ich wurde aus meinen Gedanken gerissen, guckte nach vorne und wartete auf die nächste Aufgabe. Die Lehrerin war wütend auf die Schüler aus der dritten Reihe, die sich eher unterhielten, als ihren Aufgaben nachzugehen. Sie unterrichtete uns schon seit zwei Jahren. Frau Lattermann sagte zu Timo, Mika und Anna, dass sie sich nicht weiterentwickelt hätten in dieser Zeit und dass sie glaube, ihr Abitur sei gefährdet. Dann redete sie zum Rest der Klasse: »Macht euch alle mehr Gedanken über eure Zukunft, um später gut leben zu können! So wie es aussieht, hat das Arbeitsamt bald wieder Kundschaft.« Ich fragte sie spaßeshalber, aber mit ernstem Ton, was denn meine Möglichkeiten wären. Sie sagte, ich könnte Lehrer werden, wenn ich mich anstrenge – oder Polizist. Das seien wirklich erstrebenswerte Berufe. Aber da müsste ich noch so einiges an mir verbessern und eine andere Einstellung bekommen. Sie mochte mich ganz offensichtlich nicht und musste ihre Antipathie so vor allen Mitschülern darlegen. Ich musste schmunzeln, weil ich mir vorstellte, was man in den USA gesagt hätte. Ich glaube, da hätte die Lehrerin motivierend gesagt: Setze dir ein großes Ziel. You are great! Wenn du Basketball spielst, werde nicht nur Basketballer, sondern werde zu einer Legende. Wenn du Lust hast, Jura zu studieren, werde der größte Anwalt aller Zeiten. Oder wenn du singst, stelle Selena Gomez und Ariana Grande in den Schatten. Fällst du mal, steh wieder auf. Du schaffst das, was du erreichen möchtest! Von dieser deutschen Lehrerin wurde man eher heruntergezogen, nach dem Motto: Vöglein, flieg nur nicht so hoch …! Wer hoch fliegt, kann auch tief fallen. Setze dir nicht so ein hohes Ziel, das ist überheblich, bleib auf dem Boden. Werde am besten Beamter, dann hast du ein festes Einkommen. Vielleicht gut gemeint, aber wenig motivierend, wie ich finde.

Ich konnte mich an eine Nike-Werbung erinnern, in der die typische amerikanische Sichtweise klar formuliert wurde. Diese ging mir nicht mehr aus dem Kopf. Ich verstand nicht, wie so viele aus meinem Umfeld sich nicht aus der Komfortzone hinausbewegen wollten, um sich weiterzuentwickeln. Keiner träumte von mehr, als er vom Leben geschenkt bekommt. Meine Cousine hatte ihr Abitur bestanden und erzählte mir, dass aus ihrer gesamten Klasse lediglich drei Mitschüler wüssten, was sie danach machen wollten. Sie seien absolut planlos und verspürten Druck, sich entscheiden zu müssen.

Etwas zynisch erwiderte ich meiner Lateinlehrerein, dass ich dann mein Bestes geben werde, um Lehrer zu werden. Das eher bescheidene Denken bzw. die Genügsamkeit in Deutschland beschäftigte mich.

Ich saß mit meinen Eltern im Wohnzimmer beim Essen, und wir schauten nebenbei irgendeine Talkshow. In der ging es um einen Musiker, der einen Megahit gelandet hatte und mit dem Lied Goldstatus erhielt. Ein angehender Star, könnte man sagen. In der Show wurde dann aber gezeigt, wie ein Kamerateam in sein Haus kam und zeigte, dass er ein ganz normaler Mensch sei, wie jeder andere. Für mich kam das so rüber, als würde man ihn kleinhalten wollen und dass man zeigen will, dass man nicht neidisch auf ihn sein muss. Der mit Gold ausgezeichnete Sänger wurde nicht als Star gefeiert. Mir fiel auch kein wirklicher Weltstar aus Deutschland ein, außer vielleicht Heidi Klum. Aber die hat es ja auch nicht in Deutschland so weit gebracht, sondern in den USA. Die einzigen wirklichen Stars sind die, die nicht von den Medien kontrollierbar sind. Es sind die YouTuber und Influencer, welche in den meisten Fällen das sagen, was sie denken und meinen. Früher war es so, dass die klassischen Medien die Entscheidung trafen, wer Star wurde, heute entscheidet darüber die digitale Allgemeinheit. Die Anzahl der Follower führt sogar zu einem Einkommen. Unsere Generation sieht in den Influencern echte Idole. Meine Großeltern haben sich in die Welt der Beatles, meine Eltern in die Welt von irgendwelchen Boy-Bands wie Take That hineingeträumt, unsere Generation träumt sich nun in die schillernde Welt der Internet-Stars hinein. Die Erwachsenen sollten unsere Idole ernst nehmen und ruhig mal hinschauen, wenn wir ihnen das Smartphone unter die Nase halten, wenn ein lustiges oder ein polarisierendes, kritisches Video gepostet wurde. Sie sind es doch, die früher selbst stundenlang vor dem Fernseher hingen und gebannt die Musikvideos auf VIVA oder MTV schauten. Die vorherigen Generationen müssen ja nicht unbedingt die zum Teil inszenierte Welt der Influencer cool finden, aber unseren Hype respektieren. So können die Erwachsenen den Zugang zu uns erhalten bzw. erlangen.

DANKSAGUNG

So viele tolle Menschen haben diese Publikation überhaupt erst ermöglicht. Ich danke dem gesamten Team. Nice, danke, #goteam!

Besonderen Dank an meinen Verlag, den MusketierVerlag Bremen, der mir keinen Druck zur Fertigstellung gemacht hat, der bereit war, dieses Buch zu veröffentlichen, obwohl ich erst 16 und kein bekannter erwachsener Bestseller-Autor bin.

Was ich dann oft auch nachts in meinen Laptop eingegeben habe, musste schließlich mein Lektor lesen. Marco Hoffmann, sehr cool, danke!

Wenn ich an meinen Korrektor, Herrn Matussek, denke, dann habe ich das Emoji vor Augen, welches sich mit der Hand auf die Stirn schlägt. Ein paar Komma- und Rechtschreibfehler wird er, neben kleinen grammatikalischen Fehlern, dann doch noch gefunden haben. Danke für die Fehlerbehebung!

Großen Dank auch an Farnschläder & Mahlstedt für Typografie und Satz des Buches. Sie haben entscheidend zum letzten Schliff beigetragen. Vielen Dank für die Mühe!

Danke Michelle Abent für die bunten Farben, die schrillen Charaktere. Du hast aus dem Buch mit deinen ganz besonderen Illustrationen ein Kunstwerk gemacht!

Thomas Baeslack, meinem Fotografen, danke ich sehr für die coolen professionellen Fotos und die Inspirationen zur Umsetzung für mein Buch (https://baeslack.fotograf.de/).

Meinem besten Freund, Moritz Müller, ein Dankeschön dafür, dass du immer loyal bist, mich aber auch konstruktiv kritisierst, für die vielen tollen Gespräche und all den Support.

Wie traurig, dass mein Buch und diese Zeilen meiner Dankbarkeit mein lieber Opa Rolf nicht mehr lesen kann. Er war ein großartiger Mensch alter Schule, die ganz alte Schule, das war er. Aufrichtig und selbstlos. Die Anfänge hat er noch mitbekommen und hat dieses Projekt auch mit unterstützt. Dafür bin ich unendlich dankbar. Auch Dir, liebe Oma Sigrid, möchte ich für die Unterstützung danken!

Ich weiß es auch sehr zu schätzen, dass mich meine Eltern in der Zeit des Schreibens begleitet, mir zugehört, mich ertragen, mich immer ungebrochen unterstützt haben. Ihr habt damit einen großartigen Eltern-Job gemacht und seid unglaubliche Leitbilder. Danke euch!

Lynn, meine liebe kleine Schwester, dir verzeihe ich, dass du mich während des Schreibens so oft abgelenkt hast, mit deiner Unbeschwertheit aber natürlich immer im positiven Sinne. Es gab so viele Augenblicke, in denen ich lieber den Laptop heruntergefahren hätte, um dich huckepack zu tragen. Deine Generation, liebes Schwesterherz, ist auch meine Generation, unsere Generation Z.

Danke an dich, der du mein Buch gelesen hast und damit Interesse für das Thema Jugend gezeigt hast.

Du kannst mich auch gerne über Instagram kontaktieren. Ich freue mich über ein Feedback:

@iamfabiansasse